Freiburg & Umland

Peer Pierrot

Über den Autor

Peer Pierrot (geb. 1964) lebt als freier Autor in Frankfurt/Main. Nach dem in Freiburg absolvierten Literatur- und Politik-Studium hielt er hier einen zweiten Wohnsitz aufrecht.

Karten & Pläne

Klappe vorne: Übersicht
Klappe hinten: Stadtplan Freiburg
Die Koordinaten in den Infokästen verweisen auf die herausnehmbare Straßenkarte, z. B. ▶ **Karte:** C 3

MERIAN *aktiv*

Inhalt

Nichts liegt näher!

65 Ideen für die freie Zeit

Der Südwesten

Dieser MERIAN aktiv stellt 65 Ausflüge in und um Freiburg vor. Manche Touren führen nach Frankreich oder in die Schweiz, denn landschaftliche Schönheit endet nicht an Grenzen.

Viel Spaß mit unseren neuen Ideen für Ihre freie Zeit!

Inhalt

Essen & Trinken
Museum
Wandern
Fahrrad-tour
E-Bike-Tour
Zoo, Tierpark, Reiten
Sehens-wertes

Der Südosten

Gut zu wissen

Freiburg & Umland – nichts liegt näher!

Die grüne Stadt Freiburg: Blick vom Schlossberg gen Süden

Drei Länder, tausend Möglichkeiten

Sieben Dreiländerecke hat Deutschland, am Oberrhein liegt das südwestlichste. Raketenartig ragt ein trinationales Denkmal von der Hafenmole in Basel-Kleinhüningen auf. Zwar müsste es einige Meter nordwestlich im Fluss stehen, wo der geografisch exakte Treffpunkt Deutschlands, Frankreichs und der Schweiz liegt. Doch Äsche, Dobel oder Gründling juckt es vermutlich keine Schuppe, mitten in Europa mal eben drei Staaten mit einem Flossenschlag zu passieren. Fische kennen keine Grenzen.

Der Rhein trennt und verbindet die Region. Als südlicher Oberrhein bildet er Deutschlands Grenze zu Frankreich, als Hochrhein die Trennlinie zur Schweiz. Wobei das Territorium der Eidgenossen in Basel und bei Schaffhausen deutlich übers nördliche Ufer hinausgreift. Historisch reicht die Region auf die Kelten zurück, die etwa den Bergen Belchen und Kandel und der durch Freiburg fließenden Dreisam die Namen gaben. Zur Zeitenwende traten die Römer in Erscheinung, deren Lager die Keimzellen Straßburgs (12 v. Chr.) und Basels (237) waren. Nach ihrem Rückzug (um 400) ließen sich die Alemannen am Rhein nieder, die im Fränkischen Reich ein

Vielfalt rund um Freiburg: Bei den Donaueschinger Musiktagen dreht sich alles um zeitgenössische Musik (l.). In Basel gelangt man mit Fähren zum anderen Rheinufer (M.). Im Winter sind im Schwarzwald Langlaufski das beste Fortbewegungsmittel (r.).

eigenes Herzogtum innehatten. Im Jahr 911 wurde es als Herzogtum Schwaben (ab 925 mit dem Elsass, 1033 mit Basel), das vom Ostfrankenreich ins Heilige Römische Reich überging, neu gefasst.

Vom Hochmittelalter bis heute

Staufer, Zähringer und Habsburger prägten fortan die Region. Die Staufer betrieben bis ins 13. Jh. machtvolle Reichspolitik, die Zähringer gründeten Städte (beispielsweise Freiburg oder Bern). Habsburg hatte Besitz bis ins Elsass, stieß aber auf dem Gebiet der heutigen Schweiz an seine Grenzen (Morgarten 1315, Sempach 1386). Nach und nach traten dort Städte und Gebiete den Eidgenossen bei, so auch 1501 Schaffhausen und Basel, noch vor der Reformation.

Das Elsass kam im 17. Jh. an Frankreich. Abgesehen von deutschen Annektierungen (1871–1918 und 1940–1945) ist der Rhein seither die Grenze zu Deutschland, wo Baden vom Mittelalter bis zum Jahr 1803 ein Flickenteppich blieb. Das Erbe der Zähringer (ausgestorben 1218) traten die Markgrafen von Baden an. Eine Besonderheit stellte Freiburg dar, das sich 1368 freiwillig in Habsburger Obhut begeben hatte. Die »Schwanzfeder des Reichsadlers« wurde 1806 dem Großherzogtum Baden einverleibt. Diese Napoleonische Neugründung, ein bogenartig vom Bodensee bis zum Main reichendes Staatsgebiet, bewahrte auch nach dem Wiener Kongress (1815) sein Territorium und eine aus Frankreich importierte Liberalität. Mit dem Ersten Weltkrieg endete

die Monarchie und Baden wurde ein Freistaat. Nach dem Zweiten Weltkrieg französisch besetzt, war Südbaden ein Bundesland mit Freiburg als Hauptstadt, bis 1952 Baden-Württemberg entstand.

In Antike und Mittelalter Teil des Römischen später des Römisch-Deutschen Reichs wurde die Region erst in der frühen Neuzeit zum Dreiländereck. Seit Bildung der Europäischen Union und Aufhebung der Grenzkontrollen darin ist die Schweiz eine von befreundeten Staaten umzingelte Insel.

Gleichwohl in Basel viele Deutsche und Franzosen arbeiten und es einen trinationalen Flughafen gibt, bleiben die Unterschiede im Gemeinsamen der Regio spürbar. Auch in der Sprache: Viele Schweizer nennen selbst alemannisch sprechende Deutsche gnadenlos Schwaben. Elsässerdeutsch spricht hingegen nur noch ein Drittel der Bevölkerung im Elsass. Und da längst nicht alle Badener Französisch beherrschen, sind Wohnsitzwechsel ins Elsass rückläufig. Zwar erhält Freiburg 2013 einen TGV-Anschluss nach Paris, doch für den Nahverkehr nach Colmar wurde die im Zweiten Weltkrieg zerstörte Breisacher Bahnbrücke nie wieder errichtet.

Kleine Ungereimtheiten sind der Regio so eigen wie die Vielfalt ihrer Landschaft und Kultur – samt allen Aktivitäten, die sich darin anbieten.

Links und rechts des Rheins

Die (außer dem Kaiserstuhl) flache oberrheinische Tiefebene schirmen als mächtige Mittelgebirge Schwarzwald und Vogesen ab, deren Ränder exzellente Weingegenden säumen. Wandern, Wintersport, Radeln, Segeln, Klettern – die Landschaft bietet unzählige Möglichkeiten: mit dem Fahrrad auf den Kandel, im Kanu auf der Alten Elz, Segelfliegen im Dreisamtal, Joggen um den Schluchsee, Langlaufen am Notschrei, Skifahren am Feldberg oder Wandern im Kaiserstuhl. Anlagen im Freien wie Waldkirchs Baumwipfelpfad, Tier- und Erlebnisparks (Steinwasen, Mundenhof) oder Rusts Europapark kommen auch bei Kindern gut an.

Kulinarisches und Kultur

Gleich, ob Kulinaria von Wein bis Spargel (samt darum rankender Feste) noch körperliche oder schon kulturelle Verlockungen sind – das Kulturangebot der Regio steht dem sportiven keinen Deut nach. Theateraufführungen, Konzerte sowie Festivals bilden einen Reigen durchs ganze Jahr. Und nicht nur die Museumsmetropole Basel, auch Colmar, Straßburg und Freiburg zeigen gro-

Aussichtsberg Belchen: Vom 1414 m hohen Gipfel reicht der Blick bei guter Sicht über die runden Hügel des Südschwarzwalds bis zu den 4000ern des Berner Oberlands.

ße Kunst. Kleinere Häuser (Markgräfler Museum in Müllheim, Waldkirchs Elztalmuseum) warten mit interessanten Lokalbezügen auf.

Römisches und Romanisches

Zu den besonderen antiken Relikten der Region zählen die Siedlung Augusta Raurica am Hochrhein und Badenweilers römische Badruine. Aus dem späten Frühmittelalter stammen die Kirche St. Cyriak in Sulzburg (Markgräflerland) sowie im Elsass die Abteikirche Ottmarsheim und die Klosterruine Murbach. Orte romanischer Magie. Ebenso das Breisacher Münster, während die größten Kathedralen in Straßburg und Freiburg Meisterwerke der Gotik darstellen.

Der Marquis de Vauban, Ludwigs des XIV. berühmter Festungsbaumeister, hinterließ Spuren auf Freiburgs Schlossberg. Mag hier etwas Phantasie nötig sein, das ehedem größte (doch gesprengte) Bauwerk der Stadt zu erahnen, blieb Neuf Brisach (um 1700 errichtet) als barocke Anlage Vaubans erhalten. Seit 2008 gehört sie zum Weltkulturerbe. Jünger ist die Haut Kœnigsbourg, die sich Kaiser Wilhelm II. Anfang des 20. Jh. auf einer Stauferburgruine in die Vogesen klotzen ließ. Eine Art preußisches Neuschwanstein.

Wer also das Dreiländereck etwas weiter fasst als Äsche, Dobel und Gründling im Becken des Kleinhüninger Hafens, wird den Charme dieses gemeinsamen Kulturraums dreier Staaten entdecken.

65 Ideen für die freie Zeit in Freiburg & Umland

Wo Grün den Schwarzwald aussticht: Kühe grasen an den Hängen über dem Münstertal.

1 Das Freiburger Münster und sein Turm

Das Wahrzeichen der Stadt ist ein gotisches Meisterwerk

Der bedeutendste, je in der Stadt tätige Architekt war ein Steinmetz. Gewiss wussten die Freiburger vor 700 Jahren, wer ihren Münsterturm entwarf. Notiert hatte es niemand. Nach Sichtung alter Skizzen gaben Bauhistoriker der Uni Karlsruhe 2009 kund, dass es wohl der auch fürs Straßburger Münster tätige Erwin von Steinbach (ca. 1244–1318) war. Der elegante, 116 m hohe Turm, ein Meisterwerk der Gotik, wurde um 1330 vollendet. Auf quadratischem Sockel entfaltet sich in 37 m Höhe die zwölfeckige Sternengalerie, aus der die oberen zwei Turmdrittel als Achteck streben (begehbar bis 70 m). Der sich zuspitzende durchbrochene Steinhelm ist der erste seiner Art: Die enorme

- **Karte:** C 3/4
- **Wann:** Münster: Mo–Sa 10–17, So/Fei 13–19.30 Uhr; Turm: Mo–Sa 9.30–16.45, So/Fei 13–17 Uhr; Führungen bietet z. B. die Erzdiözese an: 1. April–30. Nov. tgl., sonst Mi, Sa, So 14 Uhr (Chorumgang)
- **Wie viel:** Turmbesteigung: 1,50 €, erm. 1 €; Münsterführung (Erzdiözese): 4 €
- **Essen & Trinken:** zahlreiche Lokale am Münsterplatz; vom Haus der Badischen Weine (Mo–Fr 10–19, Sa 10–18 Uhr) hat man Historisches Kaufhaus und Münster im Blick und regionale Tropfen im Glas
- **Web:** www.freiburgermuenster.info, www.muensterbauverein-freiburg.de

Wirkung dieser Bauidee versteht man erst so recht bei einer Turmbesteigung (über 300 enge Stufen), vorbei auch am Geläut, dessen älteste Glocke, die Hosanna, hier seit 1258 hängt. In 55 m Höhe, in den Helm geblickt, erstrahlt durchs offene Maßwerk ein faszinierendes Licht. Das himmlische Jerusalem soll dieser offene Raum hoch über der Stadt symbolisieren, selbst beinharte Atheisten dürfte der Lichteinfall beeindrucken. Meister Erwin schuf mit dem Freiburger Turm etwas zuvor Ungesehenes, das noch im 19. Jh. (wie in Ulm und Köln) kopiert wurde.

Das Münster selbst wurde um 1200 romanisch begonnen, bald wechselte der Baustil zur Gotik, mit Einweihung des Chors (1513) war es vollendet. Silber aus dem Schauinsland ermöglichte den kathedralenartigen Bau, obwohl Freiburg erst 1827 Erzbistumsitz wurde. Der rote Sandstein stammt vom Lorettoberg und aus der Region. Das witterungsanfällige Baumaterial samt der teils aberwitzigen Wasserspeier ersetzt die Münsterbauhütte notfalls durch Kopien.

Die vor dem Hauptportal in Stein gehauenen Maße (Elle, Brotlaib) waren für den Markt verbindlich. Die Vorhalle unterm Turm ist reich an Skulpturen (etwa die »Klugen und törichten Jungfrauen«). Den Mittelpfeiler des Hauptportals ziert Maria als Münsterpatronin. Das Tympanon darüber zeigt kunstvoll Christi Leben und das Jüngste Gericht. 13 Jünger und Jesus zieren die 14 Säulen des 27 m hohen Langhauses. Zu den Kostbarkeiten im Inneren zählen der Hochaltar (1512–1516, Hans Baldung Grien) und der Altar der Universitätskapelle (1521, Hans Holbein d. J.). Eindrucksvoll im Langhaus sind die Glasfenster (teils 13./14. Jh.), so das gruselige Märtyrerfenster, das Schauinslandfenster der Bergleute und zahlreiche von Handwerkszünften gestiftete. An ein Fensterchen für Meister Erwin dachte keiner.

2 Dramatische Rundgänge in Freiburg

Mit **kostümierten Stadtführern** durch die Gassen der Altstadt.

Seit 1998 setzt »Historix-Tours« Freiburger Lokalgeschichte an Ort und Stelle in Szene. Mysteriöse und skurrile Begebenheiten von anno dazumal werden kreuz und quer durch die Innenstadt vermittelt, auch in den Abendstunden bei Laternenschein.

- **Karte:** C 3/4
- **Wo:** Freiburger Innenstadt, Angebote auch für Breisach
- **Wann:** tgl., bei jedem Wetter
- **Wie viel:** je nach Tour, ab 7,50 €, erm. 6 €
- **Essen & Trinken:** Die Freiburger Markthalle (Grünwälderstr. 4, Mo–Do 8–20, Fr, Sa 8–24 Uhr, So, Fei geschl.) lockt mit internationalen Leckereien. Im Deutschen Haus (Schusterstr. 40, Mo–Sa 10–1 Uhr, So geschl.) wird in antiquarischem Ambiente Badisches aufgetischt.
- **Web:** www.historix-tours.de

Wie es die Freiburger während der Inquisition mit den Hexen hielten, was die Zähringer auf dem Schlossberg trieben, wie es zu Zeiten eines Joß Fritz und der Bauernkriege zuging oder warum es am Greiffenegg-Schlößle zuweilen spukt: Geschichten vom Mittelalter bis ins 19. Jh. gibt es satt.

Henker, Hexen und Huren

Zwischen Universität und altem Friedhof, nachts auf dem Schlossberg, rund ums Freiburger Münster und entlang der traditionsreichen Bächle lauern genug schaurig-kuriose Mären, die berichtet werden wollen. Von Henkern, Mönchen und Saufgelagen, Hexen, Dichtern und Huren ist die saftige Rede.

Gewürzt mit Anekdoten, machen die kostümierten Stadtführer, als Schauspieler in historischen Rollen, aus Freiburgs lokalen Dramen eine Art Open-Air-Theater. Mag manch Phantastisches hinzugemogelt sein, unterhaltsam ist es allemal.

3 Wallgrabentheater

Freiburger Bühnenkultur im **Keller**

Benannt ist das kleine, renommierte Theater nach seiner früheren Adresse an der Wallstraße, wo es 1953 als Studentenbühne gegründet wurde. Seit 1973 im Kellergewölbe des Rathauses, finden hier jährlich bis zu fünf Premieren statt. Avantgarde und gehobener Boulevard machen die Mischung des Programms aus, die 96 Plätze sind in der Regel alle besetzt, eine Reservierung ist daher zu empfehlen. Vor größerem Publikum spielt das Wallgraben zudem sommers im lauschigen Rathaus-Innenhof.

Geleitet wird das Privattheater von Regine Effinger und Hans Poeschl, beide Mitglieder des Ensembles. Zu dessen Urgestein gehört auch Heinz Meier, überregional bekannt durch seine Rollen in Loriots legendären Sketchen.

- **Karte:** C3/4
- **Wo:** Rathausgasse 5a, 79098 Freiburg
- **Wann:** Spielplan siehe Web
- **Wie viel:** Fr, Sa, Fei und Premieren 18 €, erm. 13 €, So–Do 16 €, erm. 10 €
- **Essen & Trinken:** Feine ital. Küche: »Tizio«, Rathausgasse Ecke Rotteckring; Tel. 07 61 / 2 92 57 11
- **Web:** www.wallgraben-theater.de

4 Zinnfigurenklause im Schwabentor

Hinter alten Mauern: **Historie en miniature** aus einem Guss

Das um 1250 errichtete Schwabentor, mit dem Martinstor eines von zwei erhaltenen der mittelalterlichen Stadtmauer, war mal kleiner, mal größer. Um das Jahr 1900 auf doppelte Höhe getrimmt und mit einem Fachwerkanbau versehen, wurde der Turm 1954 auf das heutige zur Umgebung passende Maß gestutzt.

Mit Historie im Kleinformat beschäftigt sich die von Andreas Lehmann gegründete Zinnfigurenklause, die seit 1969 im Schwabentor ihr Domizil hat. Auf zwei Etagen sind rund 10 000 individuell gegossene Figürchen zu sehen, die in ausgestalteten Schaukästen (Dioramen) vor allem Szenen der Freiheitskämpfe im südwestdeutschen Sprachraum darstellen: die Schlacht bei Sempach (in der eine Habsburger Truppe 1386 den Schweizer Eidgenossen fatal unterlag), die Reformation (Luther auf und nach dem Reichstag zu Worms, 1521), die Bauernkriege von 1525 oder die Badische Revolution (1848).

- **Karte:** C 3/4
- **Wo:** Im Schwabentor, Oberlinden, Freiburg, Tel. 07 61 / 2 43 21
- **Wann:** ab 3. So im Mai bis 3. Okt., Di–Fr 14.30–17, Sa, So 12–14 Uhr, Führungen nach Vereinbarung unter Tel. 07 61 / 38 33 15 oder 202 45 05
- **Wie viel:** 1,20 €, erm. 0,30 €
- **Essen & Trinken:** Quasi auf Augenhöhe mit den Zinnfiguren am Schlossberg: Biergarten und Restaurant »Greiffenegg-Schlössle«; tgl. 11–24 Uhr
- **Web:** www.zinnfigurenklause.de

5 Theater im Marienbad

Pfiffiges und Klassiker für (nicht nur) junge Zuschauer

Großes Theater braucht kein großes Haus. Ein umgebautes Jugendstilbad genügt. 1973 von Dieter Kümmel gegründet, hat das Freiburger Kinder- und Jugendtheater seit 1989 sein Domizil im einstigen Marienbad. Mit originellen Stücken für ein junges Publikum geht das Ensemble hier zur Sache. Tiefgründig und oft mit Komik gewürzt, dass auch Erwachsene sich alles andere als langweilen. Manches im Repertoire, wie »Jugend ohne Gott«, eine Adaption des Romans von Ödön von Horváth, läuft seit Jahren mit großem Erfolg. Zu den neueren Arbeiten gehören bewährte Klassiker wie »Don Quijote«, »Alice im Wunderland« oder die »Odyssee«. Produktionen des Theaters werden auch zu deutschen und internationalen Festivals geladen.

- **Karte:** C 3/4
- **Wo:** Freiburg, Marienstraße 4, Tel. 07 61 / 3 14 70
- **Wann:** Spielplan siehe Web
- **Wie viel:** 13–15 €, erm. 7–10 €, Kinder, Jugendl. bis 18. J. 6,50–7,50 €; auch Familienrabatte
- **Essen & Trinken:** Café im Haus
- **Web:** www.marienbad.org

- **Karte:** C3/4
- **Wo:** Freiburg, Haslacher Straße 15; Tel. 07 61 / 1 50 41 95
- **Wann:** siehe Website
- **Wie viel:** Wochenend-Workshops wie »Der Clown in Dir« (9 Std. an zwei Tagen): 135 € / Person
- **Essen & Trinken:** Café »Einstein«; Klarastr. 29, Mo–Do 9–24, Fr/Sa 9/10–1, So 10–24 Uhr
- **Web:** www.galli.de

6 Workshops im Galli-Theater

Wo sich **lernen** lässt, mal in die Rolle eines **Clowns** zu schlüpfen

Niemand macht sich gern zum Narren. Niemand? Nun, wer schon immer ahnte, dass die beste Ironie bei sich selbst beginnt, kann selbst der Rolle eines Clowns einiges abgewinnen. Kinder verstehen das sofort, aufgeschlossene Erwachsene nicht minder. Teilzeit-Clown zu sein, lässt sich ohne Vorkenntnisse bei einem Workshop des Galli-Theaters lernen. Dessen Gründer, der Schauspieler und Autor Johannes Galli, trug die Clownsmaske jahrelang. Daraus entstand ein Konzept, das Zeitgenossen, denen Darstellungsfreude und Humorlosigkeit nicht fremd sind, die hohe Kunst des Clownseins näherbringt.

7 Planetarium

Ein Ort in Freiburg für **Spitzohren** und andere **intergalaktisch** Interessierte

Kaum vorstellbar sind die Phänomene des Universums. Das Planetarium Freiburg führt sie vor Augen. Die Programme zeigen Sternenhimmel, auch außerirdischer Orte, lauschige Sommermorgen auf dem Mars und was einen in den Seitengassen der Milchstraße so erwartet. Intergalaktische Reisen durch Raum und Zeit wirft der Zeiss-Projektor Starmaster ZMP dreidimensional in die Kuppel (Durchmesser: 13 m). Das dürfte selbst dem spitzohrigen Vulkanier Spock so manches »faszinierend« entlocken.

- **Karte:** C 3/4
- **Wo:** Bismarckallee 7g (nördl. Hbf); Tel. 07 61 / 38 90 630
- **Wann:** wechselnde Programme; »Sternenhimmel des Monats«: erster Mo im Monat, 19.30 Uhr
- **Wie viel:** 6 €, erm. 4 €, Familien 12 € bzw. 8 €
- **Essen & Trinken:** In der Milchstraße 7 sorgt das »Warsteiner« für eine angemessene Erdung.
- **Web:** www.planetarium-freiburg.de

8 Wanderung über den Schlossberg

Zwei **Türme** und satte **Aussichten**: vom Freiburger Schlossberg zum Roßkopf

Zwar hat Freiburg längst kein Schloss mehr, dafür erlaubt der Schlossberg fürstliche Panoramablicke. Vier Kilometer weiter steht man schon mitten im Schwarzwald vor windigen Ungeheuern.

Die Zähringer, Freiburgs Stadtgründer, hatten Ende des 11. Jh. auf dem Berg ein Schloss gebaut, kurz bevor die Stadt entstand. Mit deren Nachfolgern, den Grafen von Freiburg, kamen die Freiburger nicht klar. 1366 demolierten sie das Schloss, kauften sich frei und begaben sich 1368 unter Habsburger Schutz.

Im Jahr 1668 ließ Kaiser Leopold I. den Schlossberg neu befestigen. Im Holländischen Krieg kassierten die Franzosen 1677 Freiburg. Nun beauftragte Ludwig XIV. seinen Baumeister Marquis de Vauban (s. Tipp 15), die Stadt in ein Bollwerk zu verwandeln. Im Nu war der Schlossberg mit einer ausgedehnten Zitadelle versehen, die Altstadt wurde in dickste Wälle gepackt. Nachdem es 1697 wieder an Österreich gekommen war, nahmen die Franzosen Freiburg im 18. Jh. noch zweimal ein. 1746 sprengten sie selber Vaubans Werk und hinterließen Unmengen Schutt. Zur Barockzeit kahl wie der Feldberg, wurde der dann wieder bewaldete Schlossberg um 1900 touristisch erschlossen. Vom Schwabentor geht es bergan am Greiffenegg-Schlössle vorbei, das sich Habsburgs letzter Statthalter 1805, im Jahr bevor der Breisgau badisch wurde, auf Festungsresten erbauen ließ. Im dortigen Biergarten herrscht sommers Hochbetrieb.

Terrasse über der Stadt

Oberhalb davon liegt der Kanonenplatz als Terrasse über der Stadt. Der Rest der Leopoldsburg dahinter bietet auch keinen schlechten Blick. Der beste aber kommt noch: den Burghaldering weiter östlich, führen 251 Stufen zum 2002 errichteten Schlossbergturm. Sechs wie in sich verdrehte Douglasienstämme stützen eine stählerne, 35 m hohe Wen-

- **Karte:** C 3/4
- **Was:** hin und zurück: ca. 10 km, 500 Höhenmeter
- **Wo:** Freiburger Stadtwald
- **Wann:** beste Zeit: April bis Okt.; Ansichten der Vaubanschen Festung im Museum für Stadtgeschichte: Di–So 10–17 Uhr
- **Wie viel:** Museum für Stadtgeschichte: 3 €, ermäßigt 2 €
- **Essen & Trinken:** Waldrestaurant »St. Ottilien«, April–Okt.: tgl. ab 12, So, Fei ab 10, Nov.–März: nur Sa ab 12, So ab 10 Uhr; Tel. 07 61 / 6 32 30
- **Web:** www.freiburg.de/museen, www.st-ottilien.com

deltreppe. Satter ist kein Panorama auf Freiburg. Auch das Schlossbergplateau (456 m), auf dessen Westzipfel, dem Salzbüchsle, der Turm steht, ist sehenswert. Relikte und Infotafeln lassen die Ausmaße der Vaubanschen Festung erkennen.

Die Ostseite des Plateaus hinunter, führt vom Burghaldering ein Weg auf den Roßkopf (ausgeschildert). Der dortige Turm (34 m) entstand wie das Pariser Wahrzeichen 1889. Bestens sind Kandel, Feldberg, Schauinsland zu sehen. Doch laut rauschen die Rotoren auf 100 m hohen Spargeln: Das nächste der vier wuchtigen Windräder steht dicht daneben. Eine unheimliche Perspektive auf windige Giganten.

Unten, vom Waldlokal St. Ottilien (schöner Biergarten), ist den Kalvarienweg hinunter in 30 Min. die Dreisam beim SC-Stadion erreicht.

9 Inlineskaten

Auf **rollenden Kufen** an der Dreisam durchs All

4,5 Mrd. km in 15 Minuten? 17-mal schneller als Licht: mit Inlineskates an der Dreisam ein Klacks. Der Planetenweg (Himmelskörpermodelle in maßstabgetreuem Abstand) beginnt an der Fabrikstraße mit Neptun. Vorbei an Uranus (Berthold-Gymnasium) und Saturn (östlich des Sandfangwegs) macht das SC-Stadion Jupiter zum Fußballgott. Mars, Erde, Venus, Merkur liegen am Strandbad, und an der Ebneter Brücke strahlt die Sonne. Das Südufer weiter, nun quasi in einem anderen System, öffnet sich die Landschaft. Nach 2 km verlässt man die Dreisam, unterquert mit der Brugga die B 31, hinter dem Bahnübergang führt ein Radweg an der L 121 nach Kirchzarten. Retour auf der schön gelegenen Nebenstraße Am Engenberg und vom Neuhäuserner Erzweg über die L 121 zum Bahnübergang, kehrt der kosmische Ausflug in unser Sonnensystem zurück.

- **Karte:** C3/4
- **Wo:** Freiburg; Start an der Fabrikstraße: die ersten 400 m auf der Hindenburgstraße, ab Hirzbergsteg auf geteerten Radwegen
- **Wann:** Frühjahr bis Herbst
- **Essen & Trinken:** »Zum Rößle«, Dietenbach 1; Do–Di 12–22 Uhr; Tel. 0 76 61 / 22 40
- **Web:** www.freiburger-planetenweg.de, www.zumroessle.de

10 Wanderung durch den Sternwald

Stadtnaher **Schwarzwald** mit Pfannkuchen, Felsen und Jazz

Als gute Stärkung für einige Höhenmeter durch den Sternwald eignen sich die legendären Pfannkuchen im Valentin. Das lauschige Traditionslokal liegt in 480 m Höhe, 1,5 km von der Endstation Günterstal (Tramlinie 2). Sportiver sind die 75 Fußminuten vom Sternwaldeck.

Vom Valentin, 2 km östlich bergan, geht es zum breiten Kybfelsenweg, der rechts zum Schauinsland führt. Vis-à-vis gelangt man auf einem steilen Trampelpfad zum Kybfelsen (837 m). Der schroffe Steinklotz lässt nach Osten (Kapplertal) und Westen (Horben, Vogesen) blicken. Romantisch Veranlagte harren hier bis zum Sonnenaufgang.

Nach Norden, auf ähnlich schmalem Pfad hinunter, folgt am Rehagsattel ein schöner Blick ins Dreisamtal. Westlich der Grillhütte führt ein Wurzelweg mit Südpanorama zum Brombergsattel, einer Kreuzung im Sternwald. Nun rechts und stets bergab geht es zum feinen Biergarten »Waldsee« (1 Std., beschildert), wo dienstagsabends ab 21 Uhr »Jazz ohne Stress« auch wanderbeschuhte Füße im Takt wippen lässt.

- **Karte:** C3/4
- **Wo:** Freiburg; Einstieg Sternwaldeck: Günterstalstraße; Ausstieg: 10 Min. vom Waldsee zur Tramlinie 1
- **Wann:** beste Zeit: Mai–Nov.; Gehzeit Sternwaldeck–Valentin–Kybfelsen–Brombergkopf–Waldsee: 3,5–4,5 Std., ca. 550 Höhenmeter
- **Essen & Trinken:** »St. Valentin«: Di–Sa ab 12, So/Fei ab 11 Uhr; Tel. 07 61/7 07 77 84; »Waldsee«: Mo–Sa ab 11, So ab 10 Uhr; Tel. 07 61/7 36 88 (»Jazz ohne Stress«, live, Eintritt frei)
- **Web:** www.restaurant-valentin.de, www.waldsee-freiburg.de

11 Tiergehege Mundenhof

Animalischer **Stadtteil** mit Haus-, Nutz- und **Wildtieren** aus aller Welt

Freiburgs kleinster Stadtteil ist ein großer Kleinzoo. Im Juli wird die Tierwelt vom Zeltmusikfestival auch akustisch gefüttert. Das naturpädagogisch bedeutende Gehege hat sieben Sektionen: So gibt es in »Europa« Zwerg- und Bergziegen sowie ungarische Wollschweine zu sehen. Watussirinder mit enormen Hörnern, Wasserbüffel und Strauße vertreten »Afrika«; bunt gescheckte Pinto-Pferde und Lamas »Nord-« bzw. »Südamerika«. In »Asien« zeigen sich Trampeltier und Kaschmirziege, während Gibbons und Javaner-Affen in der »Exotischen Mitte« herumtollen, was aber die dickfelligen Braunbären dort nicht aus der Ruhe bringt. Wem im »Aquarium« der ein oder andere Zierfisch gefällt, kann ihn auch kaufen (Fr 18.30–20 Uhr).

Javaner-Affen im Mundenhof

- **Karte:** C3
- **Wo:** Freiburg/Zubringer Mitte
- **Wann:** ganzjährig, Tag und Nacht
- **Wie viel:** Eintritt frei; Parkplatz: 5 € (quasi als Spende); Veranstaltungen 2 €, Mundenhofkarte 20 €, Jahres-Parkplatzkarte 30 €
- **Essen & Trinken:** Ausflugslokal
- **Web:** www.mundenhof.de

www.freiburg.de/museen

augustinermuseum m
useum für neue kunst
museum für stadtgesc
hichte archäologische
s museum colombisch
lössle naturmuseum

städtische museen Freiburg
IM BREISGAU

12 Radtour durch den südlichen Tuniberg

Zahllose **Reben**, einige **Schenken**, feine Aussichten und ein **See** zum Abkühlen

Eine lockere Radtour durch den südlichen Tuniberg beginnt in Opfingens Ortsmitte. Den Dürleberg hinauf und (3. links) in die Ruländerallee öffnet sich bald die Landschaft. An den drei Gehöften links und nach 500 m den 3. Weg rechts geht es südlich und teils leicht bergab bis an Tiengens Westrand (Alte Breisacher Straße). Gleich rechts, wieder durch Felder, Rebflächen und um ein Gehöft herum, gelangt man südwestlich oberhalb Munzingens an die Kinziggasse und, über sie hinweg, nach 500 m zur Windhäuslegasse. Hier rechts, folgt (kurz, aber steil) nach 400 m eine sternförmige Kreuzung, links liegt die Erentrudiskapelle.

Mit feinem Blick über den Breisgau, ist dies seit tausend Jahren ein sakraler Ort des Tunibergs. Der heutigen Kapelle (1715) überließ Salzburg 1748 eine Reliquie seiner Stadtpatronin Erentrudis (um 650 bis 718), bis Mitte des 19. Jh. bewachte sie ein Eremit.

Zurück an der Kreuzung halblinks, radelt man die nächsten gut 3,5 km auf geteerten Wegen in etwa gleicher Höhe durch Weinberge. Nach gut 4 km, stets auf dem Tuniberg-Höhenweg, folgt scharf links (beschildert) die Abfahrt am Atillafelsen vorbei nach Niederrimsingen. Hier locken Biergarten und Strauße

– oder nach 1,5 km der Niederrimsinger Baggersee: Attilastraße, links in die Merdinger-, rechts in die Gündlingerstraße, die sich in westlicher Richtung und bald durch Maisfelder bis zum Waldrand am See erstreckt.

Nach dem Baden die Gündlingerstraße ein Stück zurück und beim ersten Gehöft links erreicht man nach 2 km durch Maisfelder die K 4931, nach links sind es 2,5 km ins hübsche Merdingen. Hier Richtung Waltershofen, gelangt man über ein kurzes Steilstück wieder auf den Tuniberg. Beim Weiler Wippertskirch rechts und durch Spargelfelder zurück nach Opfingen.

- **Karte:** B 3
- **Was:** Radtour ca. 18 km, ca. 200 Höhenmeter; von Freiburg hin und zurück 20 km entfernt
- **E-Bike-Verleih:** extratour, Schwabentorring 12, Freiburg, Tel. 07 61 / 28 67 33, www.extratour-freiburg.de
- **Essen & Trinken:** exzellenter Spargel in der »Tanne« in Opfingen, Altgasse 2, Tel. 0 76 64 / 18 10. Auf dem Weg (nur saisonal geöffnet): »Poldi Strauße«, Niederrimsingen, Friedhofstr. 4, Tel. 0 76 64 / 12 26. Schöner Biergarten in der »Tanne«, Niederrimsingen, Oberrimsinger Weg 5, Tel. 0 76 64 / 24 84
- **Web:** www.tanne-opfingen.de, www.poldistrausse.de, www.tanne-rimsingen.de

13 Wanderung durch den Tuniberg

Sanftes Gelände mit **Spargelfeldern**, **Burgunderreben** und viel Panorama.

Als länglicher Hügel liegt der Tuniberg mitten im Breisgau. Bis zu 120 m erhebt sich sein Lößboden über die Rheinebene und erreicht dabei 314 m Meereshöhe. Das Klima ist der Burgundischen Pforte (Südwind) und des Sandbodens wegen äußerst mild, Wanderungen im Hochsommer können einen hier ordentlich ins Schwitzen bringen.

Gelbe Raute weist den Weg

Je nach Jahreszeit gedeihen Burgunder und Spargel. Nähere Bekanntschaft mit diesen Köstlichkeiten lässt sich rundum in allen acht Tuniberg-Gemeinden schließen. Wer den ganzen Rücken des Tunibergs (ca. 16 km) wandert, orientiert sich an der gelben Raute. Trotz zahlreicher Abzweigungen wird man sich kaum verlaufen, an Wegweisern wurde nicht gespart. Von Munzingen nach Gottenheim wandern, oder lieber umgekehrt, ist auch eine Frage des Lichtschutzfaktors der Sonnencreme. Eher die südliche Richtung zu wählen, lohnt schon die prächtige Kulisse des Südschwarzwalds mit dem wuchtigen Belchen.

- **Karte:** B3
- Wo: Von Gottenheim bis Munzingen
- **Wann:** das ganze Jahr über, beste Zeit: April–Okt.
- **Essen & Trinken:** »Hunne-Strausse«, Gottenheim (2013 geöffnet von 14. Juni–31. Aug.); drei Restaurants im Hotel »Schloss Reinach«, Munzingen: eines für Gourmets, eines für badische bzw. mediterrane Spezialitäten; schöne Terrasse im Innenhof
- **Web:** www.weingut-hunn.de, www.schlossreinach.de

14 Breisach

In Breisach locken beachtliche **Kirchenkunst** und eine **Kellereibesichtigung**

Breisach, seit dem 12. Jh. eine Stadt, wurde zweimal fast zerstört: 1793 während der Revolutionskriege durch die Franzosen und Ende des Zweiten Weltkriegs von den Alliierten. Dennoch blieben mittelalterliche Bauten wie der Radbrunnenturm und das spätromanische Münster (12.–15 Jh.) erhalten. Eigenwillig mit ungleichen Türmen und einer Krypta im Freien ist auch das Kircheninnere beachtlich. So Martin Schongauers riesiges Fresko vom Jüngsten Gericht (um 1489) auf drei Wänden. Meister »HL« schnitzte 1523–26 Marias Krönung als filigranen Hochaltar. Die Flügel zeigen links die Heiligen Stephan und Laurentius, rechts die Stadtpatrone Protasius und Gervasius. Letzterer Gebeine ruhen angeblich im Silberschrein (15. Jh.), der seit 1995 Bestandteil des modernen Altars ist. Die Besichtigung lässt sich im Stadtmuseum historisch und in der Sektkellerei Geldermann prickelnd vertiefen.

- **Karte:** B3
- **Wo:** Münsterberg; Museum für Stadtgeschichte im Rheintor, Rheintorplatz 1, Tel. 0 76 77/8 32 65; Sektkellerei Geldermann, Am Schlossberg 1, Tel. 0 76 77/83 42 58
- **Wann:** Stadtmuseum: Di–Fr 14–17, Sa, So, Fei 11.30–17 Uhr; Kellereiführung (Gewölbe im Burgberg): März–Okt. tgl., sonst Mo–Sa 14 Uhr
- **Wie viel:** Stadtmuseum: 2 €, erm. 1 €; Kellereiführg.: 4 €
- **Web:** www.breisach.de, www.geldermann.de

15 Festungsstadt Neuf-Brisach

Einst **Bollwerk** eines königlichen Baumeisters, heute ein **Kulturgut** von Rang

Der Marquis de Vauban (1633–1707) war ein Mann seiner Zeit und die Zeit hieß Barock. Als Festungsbaumeister Ludwigs XIV. leistete er dem Expansionsdrang des Sonnenkönigs wertvolle Dienste. Dienste, die 2008 in den Rang des Weltkulturerbes gehievt wurden. Und so kam auch (das heute eher verschlafene) Neuf-Brisach in den Genuss größerer Aufmerksamkeit. Drei Kilometer westlich Breisachs gelegen, verdankt das barocke Retortenstädtchen sein Entstehen den Wirren der Erbfolgekriege des 17. Jh. Damals rang Frankreich mit Habsburg um manches Territorium und hatte in Südwestdeutschland den Breisgau, der Teil Vorderösterreichs war, erobert.

- **Karte:** C3/4
- **Wo:** Musée Vauban: 7 place de Belfort, Neuf-Brisach; Tel. +33/3 89/72 03 93
- **Wann:** 1. Mai–31. Okt. Mi–Mo 10–12, 14–17 Uhr
- **Wie viel:** 2,50 €, erm. 1,65 €, Kinder bis 10 J. frei; Gruppenführungen (1,45 Std.) bis 15 Personen pauschal 91 €; Anfragen: Office de Tourisme, 6 Place d'Armes, Tel. +33/38/9 72 17 65
- **Essen & Trinken:** Restaurant »Les Remparts«, 9 rue de l'Hotel de Ville oder »Winstub aux deux Roses«, 11 rue de Strasbourg
- **Web:** www.neuf-brisach.fr, www.tourisme-paysdebrisach.com
- **Sonstiges:** Markt auf der großen Place d'Armes, Sa 9–13 Uhr; am 1. Mai wird im ganzen Ort die folkloristische Fête du muguet (Fest der Maiglöckchen) gefeiert.

Zwar ging es da eher um Freiburg, allerdings blieb Breisach (nebenbei: Namensgeber des Breisgau) als Vorposten am Rhein zwangsläufig nicht ungeschoren. Nach dem Pfälzischen Erbfolgekrieg regelte der Vertrag von Rijswijk (1697), dass Frankreich den eroberten Breisgau wieder abtreten musste, also auch Breisach.

Daraufhin ließ der Sonnenkönig seinen Militärarchitekten Vauban in der Nähe einfach ein neues Breisach errichten. In kürzester Zeit (1699–1703) entstand so (wie zuvor in Freiburg, vgl. Tipp 8), eine schier uneinnehmbare Festung: achteckig konstruiert, mit weit und spitz auskragenden, meterhohen und ebenso dicken Mauern und flutbaren Wassergräben. Ein Bollwerk sondergleichen.

Und bald schon anachronistisch: denn die Feuerkraft der Kanonen wuchs überproportional zur Dicke der Mauern. Dennoch musste Neuf-Brisach seine Standfestigkeit kaum unter Beweis stellen, wobei die Festung sich 1743 (gegen die Habsburger) bewährte, jedoch 1870 von deutschen Truppen kurzerhand eingenommen wurde.

So steht noch heute ein Städtchen, wie es fürs Elsass untypischer kaum sein könnte, (fast) ohne Fachwerk und verwinkelte Gassen, sondern schachbrettartig angelegt, mit riesigem Exerzierplatz mittendrin. Sofern kein Markt ist, liegt er brach in der Sonne, bar aller martialischen Befehle und Paraden.

Das Musée Vauban ist der ungewöhnlichen Stadtgeschichte gewidmet. Und ein Spaziergang durch die Wallgräben, die der Rückeroberung durch die Natur teils unterlagen, mag den Zauber eines Märchens versprühen, das von den Zeiten eines Sonnenkönigs und seines Baumeisters erzählt.

16 Segelfliegen

Hochgefühl dank Thermik lässt sich vom Segelflugplatz Kirchzarten aus erleben

Adlerartig drehen bei sonnigem Wetter viele Segelflieger ihre Runden über dem Dreisamtal und dem Hochschwarzwald. Mit Selbstironie für die erhebende Sportart taufte der Breisgauverein für Segelflug seine Website »Brausegeier«. Nichtmitglieder werden gern auf lüge im Zweisitzer mitgenommen. Hat man sich nach steilem Aufzug per Seilwinde und kurzem Absacken beim Ausklinken an die Höhe gewöhnt, bereitet Segelfliegen pure Freude. Kein Motor stört, am lautesten pfeift die Luft in den Schiebefenstern.

Zwischen Schauinsland, Feldberg und Kandel, übers Höllental oder St. Peter schweben die eleganten Flieger, suchen hier eine Bergmatte mit Thermik, kreisen dort über Fleckvieh, werden von Wandergruppen bewunken. Die Sache mit der Freiheit muss irgendwie auch unter den Wolken gelten. Daher will mancher nach einem Schnupperflug bald selber lernen, wie man so eine schlanke Kiste sauber in der Luft hält – und ebenso landet.

- **Karte:** C4
- **Wo:** Segelflugplatz Kirchzarten, an der L 126 Richtung Oberried, Abzweigung Weilersbach; mit dem Fahrrad von Freiburg ca. 1 Std.
- **Wann:** Mai–Okt.: Sa, So, Fei ab 9.30 Uhr; Tel. 0 76 61/31 50
- Preise: 15–20 Min. Flug: 35 €
- **Essen & Trinken:** Landgasthof »Schützen«, Weilersbachstr. 7, Oberried
- **Web:** www.brausegeier.de

17 Schauinsland

Das **Besucherbergwerk** führt zu den **Wurzeln** der Stadt Freiburg

Von Freiburgs höchstem Punkt lässt sich gut zu den Berner Alpen blicken. Zugleich ist der Boden, auf dem der Eugen-Keidel-Turm in 1284 m Höhe steht, durchlöchert wie ein Schweizer Käse. Der Silberbergbau im Schauinsland bestimmte die Anfänge der Stadt. Kein Wunder, dass seit dem 14. Jh. dem Berg und seinen Kumpeln im Münster ein eigenes Südfenster gewidmet ist. Als das Silber zu Ende ging, wurde nach Blei und Zink gegraben, zuletzt noch 1954. Rund 100 km Stollen durchziehen den Berg. Mit montanem Fleiß hat die Forschergruppe Steiber einige davon wieder zugänglich gemacht und bietet Besuchern kenntnisreiche Führungen an. Stollen und Gerätschaften aller Bergbauepochen sind zu sehen, inklusive niedrige, gemeißelte Gänge des Mittelalters. Bei den Führungen, teils über stabile Leitern zum Erreichen unterschiedlicher Niveaus, kommt auch die Geologie nicht zu kurz. Zugleich nähert man sich hoch über Freiburg den Wurzeln der Stadt.

- **Karte:** C4
- **Wo:** gut zu erreichen via Schauinslandbahn, ca. 15 Min. zu Fuß von der Bergstation, beschildert; Info-Tel. der Forschergruppe Steiber: 07 61 / 2 64 68
- **Wann:** Mai–Juni: Mi, Sa/So/Fei: große und kleine Führung (ab 12 J.) 11 und 14, Familienführung 11.30–15.30 Uhr stdl. (Juli / Aug. auch Mo / Di); Schauinslandbahn: tgl. 9–17, Juli–Sept. bis 18 Uhr
- **Wie viel:** Führungen: große (2,5 Std.) 18 €, kleine (1,5 Std.) 12 €, für Familien (45 Min.) 6 €, Kinder (4–12 J.) 4 €, Familienkarte 20 €; Schauinslandbahn: Berg- und Talfahrt 12 €, Kinder (6–14 J.) 7,50 €, erm. und Familientarife
- **Essen & Trinken:** in der Bergstation
- **Web:** www.schauinsland.de, www.bergwelt-schauinsland.de

18 Steinwasenpark

Schwankend über **Schwarzkittel**: Naturerlebnis mit etwas **Nervenkitzel**

Die Straße von Oberried zum Notschrei führt durch die wilde Ostseite des Schauinsland, vorbei am Barbarastollen, in dem sich Europas größtes Archiv befindet. 850 Mio. Kopien historischer Dokumente lagern hier bestens geschützt auf Mikrofilm. Ein bedeutsamer Hort deutschen Kulturgutes.

- **Karte:** C4
- **Wo:** Steinwasen 1, 79254 Oberried, Tel. 0 76 02/94 46 821
- **Wann:** (2013) 23. März–30. April und 10. Sept.–30. Okt.: 10–16.45, 1. Mai–9. Sept.: 9–17.45 Uhr
- **Wie viel:** Tierpark ohne Fahrgeschäfte: 9,50 €, Kinder 4–11 J. 8 €; Tierpark mit Fahrgeschäften: 19 €, Kinder 4–11 J., Erw. ab 60 J., Behinderte 16 €, Kinder bis 3 J. und Geburtstagskinder bis 12 J.: frei
- **Essen & Trinken:** Restaurant, Imbiss und Kiosk auf dem Gelände
- **Web:** www.steinwasenpark.de

Wilde Tiere und wilder Spaß

Thematisch etwas anders gelagert, liegt an der Straße weiter oben der Steinwasenpark, in dem das steile Gelände erlebnisreich genutzt wird. In mehreren Gehegen lassen sich unter anderem heimische (Rot- und Damwild, Luchse, Wildschweine, Murmeltiere, Waschbären) und weniger heimische Tiere (asiatische Sikas, mediterrane Mufflons) beobachten. Nichts für Nicht-Schwindelfreie, überquert auf halber Höhe des Parks eine 218 m lange und 30 m hohe Hängebrücke die Gehege.
Eine rasante Attraktion ist die 800 m lange Sommerrodelbahn, zu deren Start ein Sessellift führt. Technischere aber nicht minder emotionale Fahrgeschäfte sind der »River Splash« im Außenbereich oder der »Gletscherblitz« im Hauptgebäude, das auch ein Naturkundekino birgt.

19 Fallschirm-Tandem

Aus 4000 Metern Höhe vom **Himmel** in den **Breisgau** fallen

Eine Minute ist keine lange Zeit. Im freien Fall, während die Landschaft scheinbar auf einen zurast, dauert sie ewig. War schon die Überwindung, freiwillig aus einem fliegenden Flugzeug zu springen, so reizvoll wie einem schlafenden Tiger ein Schnurrhaar zu zupfen, drängt sich nun die Frage auf, ob der Fallschirm wirklich aufgeht. Oder notfalls der Reserveschirm. Gedanken, die Erstspringern kommen.

Was bald beruhigt, ist der Tandemmaster hinter einem, im selben Geschirr. So einer, denkt man, hat das sicherlich schon oft gemacht und wird es heute kaum zum letzten Mal tun. Weichen die Ängste, macht es Spaß, wie ein Stein vom Himmel zu fallen. Wobei dem Stein wohl entginge, wie nett der Breisgau auch von oben aussieht. Mit offenem Schirm ist das Falltempo kaum schneller als die Joggerin da unten. Und bei der butterweichen Landung wird klar, dass ein Stein sich niemals dran erinnern würde.

- **Karte:** B4
- **Wo:** Flugplatz Bremgarten, Hartheimer Str. 15a, 79427 Eschbach
- **Wann:** Ostern–Ende Okt.: Sa, So, Fei; Mai–Sept. einmal monatl. auch wochentags; nur nach Anmeldung bei Air Adventures Tel. 07 61 / 8 88 84 48
- **Wie viel:** 200 €
- **Essen & Trinken:** Gaststätte am Flugplatz
- **Web:** www.tandemspringen.tv

20 Radtour durchs Markgräflerland

Die Hügel in **Gutedels Gegend** eignen sich für einen perfekten Tag im Sattel

Was auch immer ein großer geologischer Landschaftsgärtner im Miozän (also vor rund 15 Mio. Jahren) geplant hatte: Am obersten Oberrhein ist ihm das Markgräflerland besonders geglückt. Und das Fahrrad ist ein gutes Vehikel, dieses Werk zu bestaunen.

Von Freiburg durchs Hexental erst mal 100 Höhenmeter am Schönberg hinauf, liegt ab Wittnau die geniale Mischung aus steil abfallendem Schwarzwald und sanften Hügeln aufgeblättert da wie ein Bilderbuch. Rebenreiches Gutedel-Gelände, lauschige Dörfer, propere Städtchen bietet ein Tag im Sattel von Freiburg bis Müllheim und retour.

Auf Nebenstraßen radeln

Auf den Ort Wittnau folgen Sölden, Bollschweil und Ehrenstetten. Weiter Richtung Staufen, lockt 1 km davor ein Schlenker links zum Ausflugs-

- **Karte:** B4
- **Wo & wie:** Freiburg, Staufen, Badenweiler, Müllheim und zurück, ca. 75 km, ca. 400 Höhenmeter
- **E-Bike-Verleih:** extratour, Schwabentorring 12, Freiburg, Tel. 07 61/28 67 33, www.extratour-freiburg.de
- **Essen & Trinken:** Bollschweil: genossenschaftliches Dorfgasthaus »Bolando«, Leimbachweg 1, Tel. 0 76 33/9 59 99 10, Mo–Fr ab 17, Sa, So ab 11.30 Uhr; Weinstube »Schmid« in Ballrechten-Dottingen, Weinstraße 5, Tel. 0 76 34/82 32, Mi–So 17–24, Sa, So auch 12–14 Uhr (Mo, Di geschl.); lauschig ist die Strausse des Weinguts Hug »Zur alten Küferei« in Pfaffenweiler, Weinstraße 4, Tel. 0 76 64/71 30, Mitte März–Mai und Sept.–Nov. tgl. ab 17, Sa, So ab 15 Uhr
- **Web:** www.bolando.de, www.weinstube-schmid.de, www.weingut-hug.de

lokal »St. Gotthardhof«. Von dort durchs Fauststädtchen nach Grunern, Dottingen und Sulzburg (Tipp 22). Weiter die L 125 nach Britzingen, am Dorfende links in die Schwärzestraße, die ein Stück aufwärts (100 Höhenmeter) und durch Wald, dann bis hinunter nach Badenweiler reicht. Rechts in die Schweighofstraße, führt als nächste links die Ernst-Eisenlohr-Straße hoch in den Ortskern mit seiner römischen Badruine. Die 5 km nach Müllheim (Tipp 27) geht es abwärts. Zurück ist es flacher: den Radweg 6 km entlang der B 3 bis Heitersheim (dort Johanniterstraße rechts zur Staufener Straße) und weiter über Gallenweiler, Schmidhofen, Bad Krozingen, Ehrenkirchen. Hier ins Schneckental nach Pfaffenweiler (wo sich in der Alten Küferei einkehren lässt) und Ebringen, führt zuletzt die alte B 3 nach Freiburg.

21 Loipentouren satt

Links und rechts vom **Notschrei** finden Langläufer ihr **Eldorado**

Langlaufskier wachsen braucht Geduld, lohnt sich aber, soll's richtig rutschen. Wenn die Beine in die Loipe wollen, die Hände aber mit klebrigen Gleitmitteln hantieren und das gerade am Notschrei geschieht, kommt man über diesen Namen ins Grübeln. Für die Dauer des Wachsens mag da ein wenig Historie nicht schaden.

Notschrei klingt wie ein Stoßgebet und war im 19. Jh. auch so gemeint. Damals ging den Einwohnern Todtnaus und des oberen Wiesentals die Geduld aus. Jahrzehnte hatten sie mit Petitionen für den Bau einer Straße über den 1120 m hohen Schwendle-Pass gebettelt, der sie von Dreisamtal und Freiburg abschnitt. Der vorhandene Saumweg, im Winter unpassierbar, war für den Transport ihrer Waren (Textilien, Bürsten) ungeeignet. Weder die Habsburger noch Badens großher-

- **Karte:** C4
- **Wo:** Südschwarzwald; via L 126 (Kirchzarten- Todtnau) oder L 124 Freiburg-Schauinsland-Notschrei
- **Wann:** ziemlich schneesicher von Dez.–April (Wetter s. Website)
- **Wie viel:** Loipe kostenlos, jedoch freut sich der Verein Notschrei-Loipe über jede Spende; Parkgebühr: 5 € / Tag; wer Vereinsmitglied wird (20 € / Jahr), parkt umsonst.
- **Essen & Trinken:** An Start und Ziel befinden sich das »Waldhotel am Notschreipass« (Tel. 0 76 02 / 9 42 00) und das »Loipenhaus« mit dem Bauern-Café (Mi, Do Ruhetag). An der Stübenwasenspur liegen: »Berggasthof Stübenwasen« (Do geschl., feiertags offen), Todtnauer Hütte (Mo Ruhetag) und St. Wilhelmer Hütte (Mi geschl.).
- **Web:** www.notschrei-loipe.de, www.waldhotel-am-notschrei.de

zogliche Nachfolger gingen die Sache ernsthaft an.

Im Vorfeld der Badischen Revolution brach 1847 im Wiesental eine Hungersnot aus, die Bevölkerung liebäugelte mit dem Umsturz. Erst da kam Bewegung in das Straßenprojekt. Zur Besänftigung der Wiesentäler wurde die Strecke 1848/49 von Oberried bis zum Pass gebaut. Seither heißt er Notschrei, ein Obelisk erinnert daran. Das Teilstück hinunter nach Todtnau wurde im Jahr 1855 ergänzt. – So viel dazu, die Skier sind gewachst, nun ab in die Loipe.

Egal, ob mit Schuppen unterm Tritt oder gewachsten Brettern, locken am Notschrei besonders zwei Loipen, die Langlauf satt verheißen. Beide sind für klassischen Stil und für Skating präpariert. Die Schauinslandspur führt in voller Länge (17,2 km, drei Abkürzungen, viele Waldpassagen) fast bis zum Wiedener Eck und an Muggenbrunn vorbei. Das Streckenprofil bleibt in etwa auf Höhenniveau des Notschreis.

Mit Langlaufski zum Feldberg

Anspruchsvoller ist die Stübenwasenspur (19,6 km, vier Abkürzungen), die knackige Anstiege, lange Abfahrten, verschneite Wälder und freie Flächen mit Alpenblick bietet. In ganzer Länge führt sie bis zum Feldberg. Dabei passiert sie die Stübenwasenhütte, tangiert, als könne man »Sein und Zeit« einfach so rechts liegen lassen, Todtnauberg oberhalb von Heideggers Hütte, führt am güldenen Kruzifixus vorbei, der den Gipfel des Stübenwasens (1386 m) markiert, und zieht sich mit etlichen Aussichtspunkten bis zur Wilhelmer Hütte am Feldberg. Der Rückweg ist überwiegend eine rasante Sause.

22 Sulzburg

Die Stadt bietet viel zwischen **Romanik** und einem naturbelassenen Freibad

Sulzburgs romanische Kirche (10. Jh.), die älteste im Markgräflerland, ist dem Schutzpatron der Winzer vor dem Frost geweiht. Mag sein, St. Cyriak trägt zur hiesigen Gutedelqualität bei. In der Reformation aufgehoben, verfiel die einstige Klosterkirche, deren nur einsäulige Krypta im 19. Jh. ein Kohlenkeller war. Die 2009 renovierte dreischiffige Kirche mit erhöhtem Chor zeigt sich heute berückend schlicht und mit Fragmenten gotischer Fresken. Sulzburg selbst betritt man durchs mittelalterliche Stadttor. Bergbau brachte dem Ort im 13. Jh. Wohlstand, wovon in der früheren evangelischen Stadtkirche (19. Jh.) ein Museum erzählt. An den Marktplatz grenzt ein kleiner Kurpark, vis-à-vis führen Gässchen zur einstigen Synagoge (1822, klassizistisch, Weinbrenner-Schule). Im 19. Jh. war jeder vierte Sulzburger jüdischen Glaubens. 1940 wurden alle nicht zuvor emigrierten Juden deportiert. Bereits 1938 war die Synagoge innen zerstört, wegen der Nachbarbauten aber nicht niedergebrannt worden. Heute ist sie eine Kulturstätte. Der im 16. Jh. angelegte jüdische Friedhof liegt talaufwärts (Badstraße).

In Sulzburg geboren wurde übrigens 1843 Ernst Leitz, der im hessischen Wetzlar ein Optikunternehmen gründete, das später legendäre Kameras (Leica) baute. Fotogen ist auch, die Badstraße hoch, das naturbelassene, vom Sulzbach gespeiste Freibad. Ein lauschiger Ort, zumal wenn Cyriak fürs Wetter sorgt.

- **Karte:** B4/5
- **Essen & Trinken:** Spitzengastronomie von Douce Steiner im »Hirschen«: Hauptstr. 69, Tel. 0 76 34/82 08 (Mo, Di Ruhetag); stilvoll sind auch: »la maison eric«, im Brühl 7, Tel. 0 76 34/61 10 (Mo, Di geschl.) und der »Rebstock«, Hauptstr. 77, Tel. 0 76 34/50 31 40 (Mi geschl.)
- **Web:** www.sulzburg.de, www.douce-steiner.de, www.la-maison-eric.de, www.rebstock-in-sulzburg.de

23 Original Schwarzwald

Eher ungewöhnliche **Entdeckungstouren**

Entschleunigen ist das Rezept der »Original Schwarzwald AG«, die recht urige Aktivitäten anbietet. Jenseits von »Schwarzwaldmädel« und »Schwarzwaldklinik«, in denen Badens Mittelgebirge zum ironiefreien Klischee verkamen, hilft der Sulzburger Veranstalter, heimische Exotik zu entdecken. Im Programm sind etwa: Kräuter sammeln mit ambitionierten Profiköchen, die anschließend in ihrer Küche zeigen, was die hiesige Pflanzenwelt kulinarisch hergibt. Weniger vegetarisch, aber nicht weniger lecker: Wurstkurse im Münstertal (Restaurant Spielweg). Des Weiteren: geführte Schneeschuhwanderungen auf winterliche Gipfel, Biathlon für jedermann am Notschrei oder, sommers, Kanutouren auf dem Schluchsee mit Sonnenaufgang. Und mit schräger Performance führt Schauspieler Klaus Millmeier in der Rolle des »Geisefidel« als Ziegenhüter in breitestem Alemannisch durch die Natur des Belchen. Kostproben davon zeigt auch Youtube.

- **Karte:** B 4/5
- **Wo:** Kontakt und Buchungen s. Web
- **Wann:** ganzjähriges Programm
- **Preise:** je nach Veranstaltung, z. B. Schneeschuhwanderungen ab 20 €, Wurstkurs 125 €, Geisefideltour ab 32 €, Biathlonkurs 49 €
- **Web:** www.original-schwarzwald.de

24 Bienenkundemuseum

Emsiges im Münstertal: Alles über **Imme** und **Imker**

Emsig lebten vom 9. Jh. bis 1806 Benediktiner im Kloster St. Trudpert. Von Emsigkeit zeugt auch das nahe Bienenkundemuseum (seit 1978), eines der bedeutendsten seiner Art, das in Karl Pfefferle (1918–2009) einen profunden Mentor hatte, der bienenfleißig Exponate in aller Welt sammelte.

Warum eine Königin im Strohkorb haust (sofern ein Bienenvolk nicht weisellos ist), was Bienen mit dem Rüssel an der Trachtquelle so treiben, wie Met schmeckt und sich Schwarzwälder Tannenhonig zusammensetzt: Alles aus der seltsamen Welt der Immen und Imker wird hier erläutert. Älteste Biene ist übrigens eine vor 50 Mio. Jahren in Bernstein verewigte. Die emsigen Tiere haben selbst den Benediktinern einiges voraus.

- **Karte:** C4
- **Wo:** Münstertal, beim Hotel Spielweg abbiegen
- **Wann:** Mi, Sa, So, Fei 14–17 Uhr
- **Wie viel:** 2,50 €, Kinder 1,50 €
- **Essen & Trinken:** Restaurant »Spielweg«, Tel. 0 76 36/70 90
- **Web:** www.bienenkundemuseum.de, www.spielweg.com

25 Teufelsgrund

Im Münstertäler **Besucherbergwerk** führt ein Stollensystem weit ins Belcheninnere

1970 als erstes im Schwarzwald für Besucher geöffnet, liegt das uralte Bergwerk »Teufelsgrund« tief im Belchenmassiv. Der systematische Bergbau begann hier bereits im 10 Jh., besonders im 13./14. Jh. brachte er hohe Silber- und Bleierträge. Ab 1028 besaß das Bistum Basel die Nutzungsrechte, 1512 gingen diese an das Benediktinerkloster St. Trudpert über. Wegen Ertragsmangels wurde es jedoch wenig später stillgelegt. Erst Ende des 18. Jh. bis 1864 wurde wieder nach Erz, zuletzt von 1942 bis 1958 nach Flussspat geschürft, der sich unter anderem als minerales Kristall zu Schmuck verarbeiten lässt.

Der Besucherstollen in 580 m Höhe misst derzeit 1,8 km. Etwa ein Zehntel des Stollensystems sind zugänglich, dessen unterste Sohlen 200 m tiefer liegen. Sehenswürdigkeiten sind Bohrgeräte und Maschinenkammer, eine Mineraliensammlung, Blicke in den Schacht zum höheren Wilhelmsstollen und in tiefer gelegene Sohlen sowie ein Stollen aus dem 14. Jh. Eigens für Bronchialpatienten wurde ein Seitengang eingerichtet, dessen staub- und keimfreie Luft lindernd wirkt.

- **Karte:** C4
- **Wo:** Mulden 71, 79244 Münstertal; Tel. 0 76 36/ 14 50
- **Wann:** 1. April–31. Okt.: Di, Do, Sa 10–16, So, Fei 13–16, Juli, Aug. auch Mi, Fr 13–16 Uhr
- **Wie viel:** 5 €, erm. 4 €, Kinder bis 14 J. 2,50 €, »Schatzsuche« (ab 5 J., bis 30 Personen, nach Voranmeldung) jeweils 8 €, Asthmastollen 1 Std. 10 €
- **Web:** www.besuchsbergwerk-teufelsgrund.de
- **Sonstiges:** Die »Schatzsuche« vermittelt Kindern geologische Grundkenntnisse und lässt mit der Goldwaschpfanne nach wertvollem Gestein Ausschau halten.

26 Wasserfall und Philosophenweg

Todtnauberg liegt nicht nur abgeschieden, es bietet auch einige **Abwechslung**

1021 m hoch gelegen, hat Todtnauberg (Kurort seit 1870) 1000 Gästebetten mehr als Einwohner (740) und winters einigen Skibetrieb. Nach Südwesten offen, lässt das Hochtal zu den Schweizer Alpen blicken. Lokale Naturschönheit sind die Todtnauer Wasserfälle, die besser Todtnauberger hießen, fallen sie doch gleich unterhalb des Ortes 97 m ins Tal. Mit 60 m hält der Hauptfall den Rekord im Schwarzwald.

In großem Bogen um den Ort

Reizvoll ist, erst zu den Wasserfällen, dann oberhalb Todtnauberg herum zur Jugendherberge und die Radschertstraße ins Dorf zu wandern: Den Waldpfad vom Parkplatz (vor dem Ort) hinunter, tost der Stübenbach schon unüberhörbar. Sichere Stege geleiten über die Kaskaden, so auch am Hauptfall, zu

Im Sommer erfrischt die Gischt am tosenden Todtnauer Wasserfall.

dessen Fuß ein Seitenweg hinabführt. Freilich an Wucht nicht vergleichbar, stürzt der Stübenbach dennoch 2 m tiefer als der Niagara. Dort aber wären die Holzliegen am unteren Ende kein lässiges Plätzchen zum Nachdenken.

Wieder hinauf, kommt man den Bach entlang an Deutschlands höchstgelegenem Freibad vorbei. 300 m weiter führt die Ennerbachstraße rechts aus dem Ort zur Fatima-Kapelle am Waldrand.

Berühmte Philosophen-Hütte

Ab hier lässt der Martin-Heidegger-Rundweg das Tal auch gegen den Uhrzeigersinn umgehen. Unterwegs erinnern vier Tafeln (eine fünfte ist südlich der Kapelle) an den Philosophen (1889–1976), der seit 1922 in Todtnauberg eine schlichte Hütte hatte. 1933/34 Rektor der Freiburger Uni, war er wegen seiner Nähe zum NS-Regime nicht unumstritten. Dennoch gilt »Sein und Zeit« (1927) als ein Schlüsselwerk der Philosophie des 20. Jh.

Die Tafel nahe der (privaten) Hütte, in der u.a. Paul Celan und Rudolf Augstein zu Gast waren, zeigt ein Heidegger-Gedicht nur aus Haupt- und Zeitworten (»Wälder lagern/ Bäche stürzen«). Das lässt grübeln, ob sich des Denkers Werk in die Landschaft einschrieb oder umgekehrt. Doch die Landschaft spricht auch so für sich.

- **Karte:** C 4
- **Wo:** Südschwarzwald, von Freiburg über den Notschrei zu erreichen
- **Wann:** beste Zeit zum Wandern: Mai–Okt.
- **Essen & Trinken:** Hotel »Engel«, Kurhausstr. 3, Tel. 0 76 71 / 91 190; Restaurant »Waldblick«, Schwimmbadweg 23, Tel. 0 76 71 / 2 64
- **Web:** www.todtnauer-ferienland.de, www.engel-todtnauberg.de, www.restaurant-waldblick-todtnauberg.de
- **Sonstiges:** Bei den Todtnauberger Literaturtagen (seit 2005) lesen alljährlich am letzten Novemberwochenende deutschsprachige Autoren von nah und fern aus ihren Werken. Und Anfang November findet der Philosophische Herbst statt. Infos zu beidem: www.bergwelt-suedschwarzwald.de (unter Kunst und Kultur).

27 Markgräfler Museum und Thermalbad

Kunst und Genuss in und um Müllheim

Voller Weinstöcke ist das liebliche Markgräflerland nicht nur eine Gegend für Genießer und Weinliebhaber. Auch kulturhistorisch findet sich südlich des Breisgaus viel Rühmenswertes, wie eine Visite des Markgräfler Museums am Müllheimer Marktplatz unter Beweis stellt. Ganz nobel hat es im klassizistischen Palais Blankenhorn (erbaut um 1800, zeitweise Rathaus) sein Domizil gefunden.

Die Ausstellung auf 1500 qm eröffnet ihren Reigen mit lokalen Funden aus der Bronzezeit sowie Relikten der Römer, Alemannen und Franken. Zu den ältesten archäologischen Ausgrabungsstücken gehören bronzezeitliche Gefäße, Waffen und das Skelett einer Dame jener Epoche. In anmutiger Pose liegt sie in einem Glassarg.

Ein musealer Schwerpunkt gilt der politischen Historie des Markgräflerlandes. Ab 1503 Gebiet der namengebenden Markgrafen von Baden, hatten hier zuvor Dynastien wie die Zähringer, Staufer und Fürstenbergs das Sagen.

Im Keller wird die Geschichte des hiesigen Weinbaus gewürdigt, dessen Hauptprodukt die um 1780 importierte Rebsorte Gutedel ist. Das Obergeschoss des Museums zeigt Kunstwerke jüngeren Datums, die aus den Ateliers regionaler Maler stammen (»Badische Secession« mit Emil Bizer, Adolf Strübe u. a. sowie

- **Karte:** B5
- **Wo:** Müllheim, Wilhelmstr. 7 / Am Marktplatz Badenweiler (Ortsmitte, neben der Cassiopeia-Therme im Kurpark)
- **Wann:** Markgräfler Museum: Di–So 14–18; Römische Badruine: April–Okt. 10–19, Nov.–März 10–17, Cassiopeia-Therme: tgl. 9–22 Uhr
- **Wie viel:** Museum 2 €, Kinder, Schüler, Studenten frei; Badruine 2 €, erm. 1,50 €; Cassiopeia Therme: 13 €, Kinder bis 16 J. 8,90 €, Abendtarif (ab 18 Uhr): 9 €
- **Essen & Trinken:** Lecker und leger, aber nicht überteuert: »Taberna«, Marktplatz 7 in Müllheim, Tel. 0 76 31 / 17 48 84
- **Web:** www.markgraefler-museum.de, www.badenweiler.de

Piekfein: die moderne Cassiopeia Therme in Badenweiler

heutiges von Jürgen Brodwolf, Bernd Völkle, Artur Stoll, Werner Berges). Ebenfalls in der oberen Etage gibt es gehobenes Mobiliar der Zeit um 1800 zu sehen. Ein Ambiente, in dem sich Jasager von heute gern trauen lassen.

Wen bei den antiken Exponaten der Lifestyle der Römer ansprach, dürfte auch, im nahen Städtchen Badenweiler, die bestens erhaltene römische Badruine (1./2. Jh.) interessieren. Im 18. Jh. freigelegt, wird die imposante Anlage seit 2001 von einem Glasdach geschützt, unter dem die alten Thermalbecken, Schwitzräume und Umkleiden gut erkennbar sind. Die Abteilung für Frauen war hier, recht unüblich, nicht kleiner als die der Männer, was an der Patronin des Bades, der »Schwarzwaldgöttin« Diana Abnoba (eine Verschmelzung der römischen Jagdgöttin Diana mit der keltischen Göttin Abnoba), gelegen haben mag. Sicher sorgt sie auch dafür, dass nebenan in der piekfeinen Cassiopeia Therme das Wasser nicht kalt wird.

Badenweilers Stadtbild wird von einer weiteren, wenn auch nicht ganz so alten Ruine dominiert: Burg Baden, die, von den Zähringern im frühen 12. Jh. erbaut, seit dem Jahr 1678 pittoresk auf dem Burgberg verfällt. Eine nette Kulisse für den Kurpark darunter, in dem der Gutedel einen eigenen Garten hat.

28 Romanik am Oberrhein

Relikte aus romanischer Zeit im **Markgräflerland** und südlichen **Elsass**

Gegen die alltägliche Hektik sind romanische Gemäuer kein schlechtes Rezept. Wer einen Tag in uralter Architektur verbringen mag, könnte ihn in Sulzburg (s. Tipp Nr. 22) beginnen, wo St. Cyriak, eines der ältesten Gotteshäuser der Region, seit 993 steht und mit seiner Säulenkrypta bis heute beeindruckt.

Gleich hinter Frankreichs Grenze lohnt in Ottmarsheim die Kirche St. Peter und Paul einen Besuch. Im frühen 11. Jh. entstanden, zählt die ehemalige Klosterkirche zu den bedeu-

- **Karte:** A/B 5
- **Wo:** Sulzburg im Markgräflerland und im Elsass: Ottmarsheim, Guebwiller, Murbach und Lautenbach
- **Essen & Trinken:** Elsässische Gerichte am Platz der spätromanischen Kirche Saint Léger in Guebwiller: Taverne du Vigneron (Mi geschl.)
- **Web:** www.sulzburg.de, www.ottmarsheim.com, www.ville-guebwiller.fr

tendsten christlichen Zeugnissen am Oberrhein.

Der Ort ist nach Otmar (um 689 bis 759), dem Gründer des mächtigen Klosters St. Gallen, benannt. Die einstige (1790 säkularisierte) Benediktinerinnenabtei in Ottmarsheim lag an der alten Handelsstraße Basel–Straßburg. Um 1020 von Graf Rudolf I. von Altenburg, einem Vorfahr der Habsburger, gestiftet, weihte Reformpapst Leo IX., ein Elsässer, die Kirche 1049 ein. Nach Vorbild des Aachener Doms errichtet, beeindruckt ihre achteckige Halle als zweigeschossiger Säulenbau. Die Kreuzgewölbedecke des unten umlaufenden Gangs ist teils noch mit Fresken aus dem 15. Jh. versehen.

Imposant ist die Klosterruine Murbach in einem Seitental der Lauch. Beinahe irreal steht das Querschiff mit zwei Türmen und dem Chor in der Vogesenlandschaft, anstelle des einstigen Langhauses befindet sich ein Friedhof. Vom heiligen Pirmin 728 gegründet, über tausend Jahre eine Benediktinerabtei, zuletzt ein Ritterstift, wurde das Kirchenschiff im 18. Jh. für einen geplanten Neubau abgerissen, zu dem es wegen der Französischen Revolution nicht mehr kam. Was so dem Verfall anheimfiel, wirkt als Ruine magisch. Das Lauchtal aufwärts, findet man unweit in Lautenbach eine ehemalige Stiftskirche der Augustiner, die um 1100 errichtet wurde. Und am Taleingang kann man einen solchen romanischen Tag gut in Guebwiller mit seiner prächtigen Kirche Saint Léger (12. Jh.) ausklingen lassen.

29 Cité de l'Automobile

Luxus und Ruin: die seltsame Sammlung der Gebrüder Schlumpf in Mulhouse

Wer keine Autos mag, ist hier am falschen Ort. Das heutige Nationalmuseum war zuvor die ererbte Garnfabrik der Brüder Hans und Fritz Schlumpf (1904–1989, bzw. 1906–1992), einst Marktführer in Frankreich. 2000 Beschäftigte arbeiteten hier, ehe das Unternehmen 1977 trotz seiner guten Marktstellung pleite ging. Der Grund lag in der geheimen Sammelwut der Brüder, die alten Autos galt. Insbesondere die Fahrzeuglegenden Ettore Bugattis, im Elsass produziert, waren Objekte der Schlumpfschen Begierde. Allein 123 Bugattis sowie weitere tip-top restaurierte 300 Oldtimer horteten sie in verborgenen Garagen, darunter kaum noch bekannte Raritäten von De Dion-Bouton oder Hispano Suiza.

Das Hobby ruinierte das Unternehmen. Als die Brüder 1977 vor Frankreichs Justiz nach Basel flohen, entdeckten aufgebrachte Arbeiter den Grund des Konkurses. 1981 erwarb eine Trägerschaft die Sammlung, die seither eines der größten Automobilmuseen der Welt (25 000 qm) ist.

- **Karte:** A5
- **Wo:** 15 rue de l'épée 68, 100 Mulhouse; Tel. +33/3 89/33 23 23
- **Wann:** 10–17 Uhr, Mitte April–Mitte Nov. 10–18 Uhr
- **Preise:** 11 €, erm. 8,50 €, mit der Show »Auf die Piste«: 14 €, erm. 10,50 €, Familienrabatte bei mehr als einem Kind
- **Essen & Trinken:** Bistro im Haus
- **Web:** www.collection-schlumpf.com

30 Écomusée

Viel originales **Fachwerk** hält in Ungersheim die Idee der elsässischen **Idylle** wach

Das Écomusée d'Alsace versucht auf dem Gelände einer früheren Kalimine ein verschwindendes Bild vom Elsass zu bewahren: 72 historische Fachwerkhäuser und ein steinerner Wohnturm, die, andernorts abgerissen, sonst verloren gegangen wären, wurden hier wieder aufgebaut und geben ein harmonisches Dorfbild ab. Kritiker mögen bemängeln, diese Harmonie sei zu idealtypisch – gleichwie: Die Gebäude sind echt und die alten Bauernhöfe samt Gerätschaften, Schule, Mühle, Boulangerie vermitteln durchaus einen Eindruck aus der Zeit vor 1900. Nicht zuletzt mit Kindern lässt sich in hier ein informationsreicher Tag gut verbringen.

- **Karte:** A 4
- **Wo:** südlich von Ungersheim (Süd-Elsass), an der D 430
- **Wann:** Ende März bis Anfang Nov. 10–18 Uhr, Juli–Aug. teils bis 22 Uhr (s. Web)
- **Wie viel:** 10 €, Kinder (4–14 J.) 8 €, Familie (mit 2/3/4 Kindern) 21/25/27 €
- **Essen & Trinken:** Cafés und Restaurants auf dem Gelände
- **Web:** www.ecomusee-alsace.fr

31

Reiterhof

In Bamlach aufs Pferd steigen

- **Karte:** B5
- **Wo:** Happyhorses, Römerstraße (Reitstall Vogesenblick), Bamlach, Tel. 01 72/9 88 01 53
- **Wann:** ganzjährig: Mo–Fr 9–12 Uhr und nach Vereinbarung
- **Wie viel:** 1 Std. Reitplatz (mit Unterricht) 18 €, 2 Std. Ausritt: 30 € (jede weitere Std. 12 €), Ferienkurs für Kinder: 90 €
- **Web:** www.happyhorses.info, www.reitstall-vogesenblick.de

Ein PS kann ganz schön viel sein, besonders auf dem Rücken eines Rosses. Nicht jeder hat aber das nötige Kleingeld für ein eigenes Pferd samt Sattel, Zaumzeug, Stall und Hafer. Und oft auch nicht die nötige Zeit für all die Zuwendung und Pflege, die den edlen Vierbeinern entgegenzubringen ist.

Um dennoch Erfahrung mit Pferden zu sammeln, reiten zu lernen oder ggf. nicht zu verlernen, gibt es Reiterhöfe. So auch in Bamlach (Markgräflerland), wo »Happyhorses« Kindern und Erwachsenen Reitunterricht gibt, Umgang mit den Tieren lehrt und Ausritte ermöglicht. In Ferienzeiten werden zudem recht preiswerte Reitwochen für Kinder angeboten. Erwachsene können, Reitkenntnisse vorausgesetzt, Halb-, Ganztags- oder gar mehrtägige Touren im Sattel buchen. Schulpferde wie Tabea oder Good Luck scharren schon mit den Hufen.

32 Dreiländermuseum

Vom **Mit-** und **Gegeneinander** des Kulturraums am Hoch- und Oberrhein

Das Lörracher Museum am Burghof mit seiner Dauerausstellung »Expo Tri Rhenia« kennt alle Facetten des Dreiländerecks.
Veranschaulicht werden sie in den Themenbereichen »Eine Region«, »Drei Nationen« und »An der Grenze«. Zu sehen sind Alltagsdinge, Karikaturen, Dokumentarfilme, Währungen, Kunst, Reklame- und politische Plakate. Sie erzählen die Regionalgeschichte der Antike, der territorialen Fleckenteppiche des Mittelalters, der wechselnden Grenzverläufe beim allmählichen Entstehen der Nationen Deutschland, Frankreich, Schweiz bis zum heutigen trinationalen Wirtschaftsraum Basel. Und, mal verbindend, mal teilend, vom Rhein.
Seit 1978 im Pädagogium untergebracht, besitzt das Museum zudem eine Sammlung zu Leben und Werk des alemannischen Dichters Johann Peter Hebel (1760–1826), der hier Ende des 18. Jh. als Lehrer arbeitete und auch wohnte.

- **Karte:** B6
- **Wo:** Basler Straße 143, 79439 Lörrach; Tel. 0 76 21 / 91 93 70
- **Wann:** Mi–Sa 14–17, So 11–17 Uhr
- **Wie viel:** 2 €, erm. und Kinder ab 6 J. 1 €, Familien 4 €, Führungen inkl. Eintritt: Erw. und Kinder je 3 €, erm. 1 €
- **Essen & Trinken:** Museumscafé oder im schicken Restaurant »Am Burghof«, Herrenstr. 3; Tel. 0 76 21 / 9 40 38 50
- **Web:** www.museum-am-burghof.de

33 Vitra Design Museum

Ein verschrobenes Haus in **Weil am Rhein** beherbergt **Schätze der Gestaltung**

Extravagant sind die Produkte des Schweizer Möbelherstellers Vitra. Entwürfe renommierter Designer wie Charles und Ray Eames, Jasper Morrison oder Philippe Starck gingen bzw. gehen bei Vitra in Serie. Verner Pantons »Panton-Chair«, ein s-förmiges Stück Kunststoff, wurde zur Pop-Ikone.

Extravagant ist auch das Gebäude des Vitra Design Museums (1989). Frank O. Gehry konstruierte es in sich verdreht, übliche Sehgewohnheiten irritierend. Die Wechselausstellungen des Museums zeigen u. a. Arbeiten bedeutender Designer, Architekten und Stadtplaner. Ob konkrete Objekte oder ästhetische Utopien von einst und heute: Manche Ausstellung geht von Weil aus um die Welt.

- **Karte:** B6
- **Wo:** Charles-Eames-Straße 1, 79576 Weil am Rhein, Tel. 0 76 21 / 7 02 32 00
- **Wann:** tgl. 10–18, Mi 10–20, Führung: Sa, So 11, Mi 18 Uhr
- **Wie viel:** 8 €, erm. 6,50 €, Kinder bis 12 Jahre frei; Architekturführung: 9,50 € (mit Museumseintritt: 13,50 €); Ausstellungsführung 3 €
- **Essen & Trinken:** Café
- **Web:** design-museum.de
- **Sonstiges:** Bauten von Zaha Hadid, Jean Prouvé und das Vitra-Haus von Herzog & de Meuron auf dem Gelände.

34

- **Karte:** B6
- **Wo:** Basel, Paul-Sacher-Anlage 2; Tel. +41/61/6 81 93 20
- **Wann:** Di–So 11–18 Uhr (Sonderöffnungszeiten s. Website)
- **Wie viel:** 15 CHF, erm. 10 CHF
- **Essen & Trinken:** Café im Museum
- **Web:** www.tinguely.ch
- **Sonstiges:** Auf dem Basler Theaterplatz erfreut Tinguelys Fasnachtsbrunnen (ein Wasserspiel mit zehn Figuren) seit 1976 das Publikum.

Museum Tinguely

Skurriles in **Basel**

Bevor Recycling ökologisch gang und gäbe wurde, hatte Jean Tinguely (1925–1991) es längst als kinetische Kunst etabliert. Auf Schrottplätzen und im Sperrmüll fand er, was sich mit der Präzision eines Schweizer Uhrmachers, der etwas neben der Spur tickt, zu skurrilen Gebilden verarbeiten ließ.

Er schuf Insekten vom Format veritabler Flugzeuge, mähdreschergroße Maschinen, deren komplexe Bewegungsabläufe einzig dazu dienen, die Taste eines kaputten Klaviers anzuschlagen. Und bei manch minimaler Anordnung bekommt ein Stofftier mit dem Hammer eins auf die Mütze. Den Skulpturen scheint eine inszenierte Sinnlosigkeit eigen, die ein deutungsoffenes Vakuum erzeugt.

Selbst wer hier nur abstruse Verspieltheit oder das Werk eines verschrobenen Ingenieurs sehen mag, wird sich der großartigen Komik der Objekte, ihrem Geratter und Quietschen, kaum entziehen können. Den Besucher des auch reizvollen Museumsbaus von Mario Botta (1996) empfängt eingangs eine bunte »Nana« von Tinguelys Frau Niki de Saint Phalle.

35 Zoologischer Garten

Im »Zolli«, wie ihn die Basler nennen, setzt man auf den Schutz der Arten

Vormittags um elf gibt es viel Gewatschel. Mag die Prozession der Pinguine ein Protestmarsch gegen den Klimawandel sein – ihr Anblick erfreut die Besucher. Im ältesten Schweizer Tierpark (seit 1874) leben über 6000 Tiere. Verschiedene Arten, wie Zebra, Strauß und Flusspferd, im selben Gehege zu halten, gilt als Besonderheit des Zoos. Die Anlage »Etoscha« vereint z. B. Raubtiere und Jäger jeder Art, vom Geparden bis zum Scharlachspint, einem bunten Vogel, der Bienen frisst. Mit 11 ha ist der Zolli nicht riesig. Auf Tiger und Eisbären wird zum Platzvorteil anderer Tiere verzichtet; bedrohte Arten werden gezüchtet, besonders Primaten. Zu den Affenbewohnern zählt auch der Westliche Flachlandgorilla. Bis zu fünf Zentner wiegt ein Silberrücken, nur schlanke 90 Kilogramm die Damen. Deren älteste, Goma, wurde 1959 im Zolli geboren.

- **Karte:** B6
- **Wo:** Binninger Str. 40, 4011 Basel; Tel. +41/61/2 95 35 35
- **Wann:** ganzjährig geöffnet, Nov.–Feb. 8–17.30 Uhr, März, April, Sept., Okt. 8–18 Uhr, Mai–Aug. 8–18.30 Uhr
- **Wie viel:** 18 CHF, Jugendl. (bis 25 J.) 12 CHF, Kinder 7 CHF, Familien 39 CHF
- **Essen & Trinken:** eine Cafeteria und zwei Restaurants im Zoo
- **Web:** www.zoobasel.ch

36 Basler Papiermühle

Erklärungen, warum unbeschriebene Blätter einst **Werke der Schöpfung** waren

Papier ist geduldig. Geduld brauchte einst auch seine Herstellung. Dutzende Arbeitsgänge waren nötig, bevor aus gereinigten Lumpen kostbare Blätter wurden. Wie aus fein geschnittenen Stoffen mittels eines Stampfwerks ein fasriger Brei entsteht, der mit viel Wasser in eine Bütte geschüttet, dort per Sieb abgeschöpft und auf Filz gepresst wird, bis beim Trocknen allmählich ein weißes Blatt zum Vorschein kommt – dies (und vieles mehr) veranschaulicht die Basler Papiermühle am St.-Alban-Teich.

Das Museum zeigt neben der alten Technik geschöpften Büttenpapiers auch die Funktionsweise einer vergleichsweise modernen Langsiebmaschine von 1964, die Endlospapier fabriziert. Statt alter Klamotten wird seit dem 19. Jh. Zellstoff (Zellulose) aus Holz verwendet, der so (neben heutigem Recycling) zum Grundmaterial industrieller Papierproduktion wurde.

In der Galician-Mühle, in der bereits 1453 Papier gefertigt wurde, informiert das Museum umfassend über die Kultur- und Technikgeschichte des Themas inklusive Buchdruck und Kalligraphie. Besonders jüngere Besucher dürfte es interessieren, hier selber Papier zu schöpfen. Wer weiß, vielleicht ist dies der Beginn einer wunderbaren Freundschaft mit dem Lesen und Schreiben?

- **Karte:** B6
- **Wo:** St. Alban-Tal 37, Basel, Tel. +41/61/2 25 90 90
- **Wann:** Di–Fr, So 11–17, Sa 13–17 Uhr
- **Wie viel:** 15 CHF, erm. 13/9 CHF, Familien (1 Erw., 2 Kinder / 2 Erw., 4 Kinder bis 16 J.) 30/38 CHF
- **Essen & Trinken:** Restaurant und Café im Museum
- **Web:** www.papiermuseum.ch

37

- **Karte:** B 6
- **Wo:** St. Alban-Vorstadt 28, Basel; Tel. +41/61/22 63 360
- **Wann:** Di–Fr 14–18, So 11–18 Uhr; geschl. an Fasnacht, Karfreitag, 24./25.12, 31.12/1.1. und bei Ausstellungsumbau (s. Web)
- **Wie viel:** 9 CHF, erm. 7 CHF; So Führung: Eintritt plus 5 CHF
- **Web:** www.cartoon-museum.ch
- **Sonstiges:** Außer Führungen (bis 15 Pers.: 180 CHF plus 7 CHF/Pers. Eintritt) bietet das Museum auch Workshops an (für 15 Pers.: 220 CHF plus 7 CHF/Pers. Eintritt).

Cartoonmuseum

Grrrr, **knuff,** zack!! Bilderstorys in Basel

Längst bewegen sich Figuren wie der Kleine Nick, Tim und Struppi, Fritz the Cat oder Asterix im eigenen Kunstgenre, das mal eher bürgerlicher, mal nonkonformerer Natur ist und voll subversivem Humor. Eine umfangreiche Sammlung aus der Welt der Strichmännchen und Sprechblasen besitzt das Basler Cartoonmuseum. Etwa 3400 hochwertige Originale (Karikaturen, Comics etc.) aus den Federn von ca. 700 internationalen Künstlern (u.v.a.: Grosz, Sempé, Loriot, Ungerer, Claire Bretécher) liegen im Fundus, den eine große Bibliothek ergänzt. Neben den im Wechsel gezeigten Werken aus dem Museumsbestand sind jährlich zwei bis drei Ausstellungen mit Leihgaben zu ausgewählten Themen oder Künstlerhommagen zu sehen.

38 Auf dem Hochrhein

Unterwegs mit dem **Linienschiff**, gibt es von und nach **Basel** viel zu sehen

Basels Stadtbild prägt der Rhein. Grund genug, es einmal von der Flussmitte zu besehen und eine Weile mit dem Linienschiff auf dem Hochrhein zu verbringen. Wer im Hafen Dreiländereck zusteigt, ist bis Rheinfelden und zurück 40 km unterwegs.

Schiffländе heißt der Anleger der Mittleren Brücke, der ältesten Rheinbrücke (1225, erneuert 1903) zwischen Konstanz und Rotterdam. Zwischen ihr und der Wettsteinbrücke liegt Basels prächtiges Stadtbild mit dem Münster als Krönung.

Am Nordufer taucht bald der Pharmariese Roche auf, daneben das Tinguely-Museum (Tipp 34). An der Kraftwerksinsel Birsfelden wird eine erste Schleuse durchfahren, vorbei am Industriegebiet Schweizerhalle (Chemie, Salz), eine zweite am Kraftwerk Augst.

Wer in Kaiseraugst (statt bis Rheinfelden zu fahren) für 1¼ Std. aussteigt, kann zu Fuß (hin und zurück je 1,5 km) ins Römermuseum (s. Tipp 39), das antike Theater anschauen und eine rasche Hausbesichtigung der römischen Villa vornehmen. Und dann wieder ab an Bord nach Basel.

- **Karte:** B6
- **Wo:** Ab Basel Anlegestelle Dreiländereck (Kleinhüningen) oder Schiffländе
- **Wann:** Mai bis Mitte Okt. nahezu tgl. (s. Fahrplan der Website); Dreiländereck: ab: 10.40, an: 16.35 Uhr; Schiffländе: ab: 11.30, an: 16 Uhr
- **Wie viel:** Ableger Dreiländereck bis Kaiseraugst und retour: 58 CHF, Halbstagsabo und Kinder 6–15 J.: 29 CHF, Kinder unter 6 J. frei
- **Essen & Trinken:** Verpflegung (Kiosk) teils an Bord
- **Web:** www.bpg.ch

39 In der Römerstadt Augusta Raurica

Archäologischer Park führt in Augst den Alltag der antiken **Weltmacht** vor Augen

400 Jahre sind Zeit genug, um einiges zu hinterlassen. So lange lebten die Römer am Hochrhein, die ersten gut 290 Jahre davon in »Augusta Raurica«, einer Stadt mit bis zu 20 000 Einwohnern. Sie gilt als älteste Siedlung der antiken Weltmacht auf heutigem Schweizer Boden und die am besten konservierte nördlich der Alpen.

Gegründet wurde sie um 15 v. Chr. (früheste Belege: 6 v. Chr.). Sowohl auf Kaiser Augustus, der zu jener Zeit regierte, weist der Stadtnamen, als auch auf den des keltischen Stamm der Rauriker, die damals am Rheinknie lebten. Ihr Gebiet machten die Römer zur Kolonie Raurica.

25 bis 16 v. Chr. hatte Augustus Teile der Alpen dem Römischen Reich einverleibt. Stadtähnliche Lager wie das am Hochrhein oder *Augusta Vindelicorum* am Lech (heute: Augsburg) sicherten die Grenzen gegen die Germanen.

Die Hauptstadt der Kolonie Raurica wurde auf einer Anhöhe zwischen dem Flüsschen Ergolz und dem Violenbach gebaut. Hier entwickelte sich allmählich ein gut 100 ha großes Stadtgebiet bis hin zum Rhein, mit einem Ableger gar am germanischen Ufer gegenüber.

Zahnstocher und Silberschatz

Warum die Siedlung um 273/274 aufgegeben wurde, ist nicht ganz geklärt, Alemannenüberfälle spielten jedoch eine Rolle. In der Folge zogen sich die Römer ins weitaus kleinere Militärkastell Castrum Rauracense (500 m nördlich, direkt am Rhein) zurück, wo sie bis zu ihrem Abzug (Anfang 5. Jh.) blieben. Der Großteil Augusta Rauricas liegt auf der Gemarkung der Gemeinde Augst (Kanton Basel Landschaft), aus dem Militärlager wurde das heutige Kaiseraugst im Kanton Aargau.

Seit dem 16. Jh. sind Grabungsfunde bekannt, systematische Archäologie wird auf dem Gelände, das zum Glück kaum neu bebaut wurde, seit dem 19. Jh. betrieben. Zahnstocher,

Auf den Spuren der Spurensucher: Kinder lernen das Archäologenhandwerk kennen.

Gürtelschnallen, Alltagsdinge aus dem antiken Leben und ein 1962 gefundener Silberschatz: Ca. 1,5 Mio. Objekte konserviert das Römermuseum Augst. Erst 20 % des Areals sind archäologisch erschlossen.
Sorgsam freigelegt wurden bislang: Bäder, Tempel, Foren, eine Taverne und Reste einer Arena für Gladiatorenkämpfe. Bestens erhalten ist ein Freiluft-Theater, das einst in der Stadtmitte lag und nun für Theater und Jazzkonzerte genutzt wird.
Wie die Römer so lebten, zeigt die Rekonstruktion eines Hauses mit teils originalen Einrichtungsgegenständen. Der Komfort samt Bädern und Innenhof war beachtlich, bizarr hingegen ist ein Klo mitten in der Küche. O tempora, o mores ...

- **Karte:** B6
- **Wo:** Giebenacherstr. 17, Augst, Schweiz; Tel. +41/61/8 16 22 22
- **Wann:** Di–So 10–17 (Nov.–Feb.: 11–17), Mo 13–17; Außenanlagen tgl. 10–17 Uhr; geschl. 24./25./31. Dez./1.Jan.; Römerfest: letztes Augustwochenende, Jahresprogramm s. Web
- **Wie viel:** Museum mit Römerhaus: 8 CHF, erm. 6 CHF, Kinder bis 6 J. frei; Führungen: April–Okt. (So 15–16.30 Uhr) 15 CHF, erm. 7,50 CHF plus Eintritt; individuelle Führungen auf Anfrage (1,5–2 Std., bis 25 Pers.): 245 CHF; Außenanlagen: kostenlos
- **Essen & Trinken:** Restaurant/Pizzeria »Römerhof«, Giebenacherstr. 31, Augst; Tel. +41/61/8 11 17 67 (Mo geschl.)
- **Web:** www.augustaraurica.ch

40 Château du Haut-Kœnigsbourg

Auf staufischen **Gemäuerresten** entstand ein preußisches **Neuschwanstein**

Die Hohkönigsburg zählt zu Frankreichs »monuments historiques« und ist somit ein Nationaldenkmal. Pikanterweise resultiert es in seiner heutigen Gestalt aus einem Geschenk an einen Preußen, hatte doch Schlettstatt (Sélestat) 1899 die damalige Ruine Wilhelm II. vermacht, der sich nicht lumpen und die seit 1633 im Dreißigjährigen Krieg ramponierte Immobilie bis 1908 aufwendig restaurieren ließ.

Bodo Ebhardt, Architekt und Gründer der Deutschen Burgenvereinigung, ging mit Verve an die ihm übertragene Arbeit. Weithin sichtbar im Elsass, das nach dem Deutsch-Französischen Krieg in den Jahren 1870/71 zum Deutschen Reich gehörte, inszenierte er eine »mittelalterliche« Festung, die an die einst (1147) von den Staufern errichtete, um 1480 erweiterte Anlage erinnern sollte. Dabei hielt sich Ebhardt auch an die im 19. Jh. erneuerte Wartburg, die schon Ludwig II. zu Schloss Neuschwanstein inspirierte.

Dank technischen Fortschritts (wie einer eigens eingerichteten Eisenbahn) entstand die Hohkönigsburg im Eiltempo neu. Das Ergebnis entsprach den romantischen Vorstellungen Ebhardts und des Kaisers. Immerhin hielt sich der Architekt an den Stand damaliger baugeschichtlicher Erkenntnisse. Mit ihrem Volumen ähnelt die riesige Feste dem Umbau Ende des 15. Jh., damals im Besitz der Grafen von Thierstein. Danach gehörte sie 130 Jahre den Habsburgern.

Die Hohkönigsburg beeindruckt nicht zuletzt dank der exponierten Lage auf einem 757 m hohen Bergsporn (mit entsprechender Aussicht). Zwar war sie seit der Zerstörung militärisch unbedeutend. Sich vorzustellen, dass die Schweden sie 1633 überhaupt einnehmen konnten, erstaunt noch immer.

Burgfried und Feldschlangen

Imposant sind der viereckige Burgfried mit angrenzendem Palas und die riesige, umlaufende Wehrmauer mit elf halbrunden Wachtürmen. Der Westteil des Bollwerks lässt tief in einen Burggraben blicken, auch mehrere Feldschlangen (Kanonen) sind hier zu besichtigen.

Das Innere widmet sich teils der Baugeschichte nach 1900 und wird u.a. durch Ritterrüstungen und Waffen ergänzt. Authentischen Atem der Geschichte vermittelt die Ausstattung kaum, nun ja: Kein Luther war hier tätig. Gleichwie: Die Hohkönigsburg zieht jährlich eine halbe Million Besucher an.

- **Karte:** A2
- **Wo:** Elsass, ca. 10 km westlich von Sélestat
- **Wann:** Nov.–Feb. 9.30–12, 13–16.30, März und Okt. 9.30–17, April, Mai, Sept. 9.15–17.15 Uhr; Juni, Juli, Aug. 9.15–18 Uhr; Führungen in deutsch: Mai–Okt. tgl. 12 und 15 Uhr
- **Wie viel:** 8 €, erm. 6 €, Jugendl. unter 18 J. frei (Führungen im Preis inbegriffen)
- **Essen & Trinken:** Imbiss auf der Burg
- **Web:** www.haut-koenigsbourg.fr
- **Sonstiges:** Reizvoll ist die Wanderung zur Burg von Orschwiller aus (ab Friedhof) durch den Laubwald hinauf: direkt ca. 5 km, erweitert (Markierung: gelber Kreis) ca. 10 km. Zurück über St. Hippolyte und durch Rebhänge.

41 Stadtbummel und Museen in Straßburg

Ein Tag in Europas **Hauptstadt** braucht auch für **Kinder** nicht langweilig sein ...

Außerhalb des gotischen Stadtkerns um das berühmte Münster (erbaut 12. bis 15. Jh.) wurde Straßburg (272 000 Ew.) in den letzten Jahren hochmodern ergänzt, nicht nur im Viertel des Europaparlaments. Futuristisch gar ist der Anbau des Hauptbahnhofs für die TGVs von und nach Paris. Und elegant verglast schwebt die schicke Tram im Design des 21. Jh. durch die elsässische Hauptstadt.

Die Linien A und D halten in der Avenue de la Marseillaise am Musée Tomi Ungerer. Dem 1931 in Straßburg geborenen Künstler widmete die Stadt 2007 die Villa Greiner für sein umfangreiches Œuvre. Die Kinderbücher und das erotische Werk, Ungerers Hauptthemen voller Ironie, kommen dabei nicht zu kurz. Im Parterre finden sich Aquarelle und Skizzen der über 80 Bildbände für Kinder (etwa: »Crictor, die gute Schlange«, »Der Mondmann«), Spielzeuge und anderes aus Ungerers Vita. Das Obergeschoss zeigt

Grafisches (mit spitzester Feder: New Yorks Highsociety) und Werbeplakate (z. B. für »Bonduelle«-Konservengemüse) aus den 1970er-Jahren. Ins Untergeschoss (eher nichts für Kinder) locken Originale aus Ungerers erotischem Werk (wit-

- **Karte:** nördlich B 1
- **Wo:** Musée Tomi Ungerer, 2 avenue de la Marseillaise 2; Le Vaisseau: 1 rue Philippe Dollinger (Tram C, E bis Haltestelle »Winston Churchill«, von da 5 Min.)
- **Wann:** Musée Tomi Ungerer: Mo, Mi–Fr 12–18, Sa, So 10–18 Uhr (1.1./Karfreitag/1.5./1. und 11. 11./25. 12. geschl.); Le Vaisseau: Di–So 10–18 Uhr (25.12./1.1./1.5./3.–24.9. geschl.)
- **Wie viel:** Musée Tomi Ungerer: 6 €, erm. 3 €; Bootsfahrten (z.B. 45 Min.): 6,90 €, erm. 3,60 €, Kinder bis 3 J. frei; Le Vaisseau: z.B. Tagespass für 4 Pers.: 25 €, 3 weitere Pers. je 6 €
- **Essen & Trinken:** z. B. das Theatercafé vis-à-vis dem Musée Tomi Ungerer
- **Web:** www.musees-strasbourg.org, www.levaisseau.com, www.batorama.fr, www.europarl.europa.eu
- **Sonstiges:** Besuch einer Sitzung im Europaparlament ab 14 J. möglich; Voranmeldung s. Web

Reinschauen, anfassen, mitmachen: Das Musée Le Vasseau zieht Kinder in seinen Bann.

zig: »Kamasutra der Frösche«, bizarr: »Fornicon«).
10 Min. vom Museum liegt der Münsterplatz. Die Kathedrale mit dem 142 m hohen Nordturm beeindruckt auch von oberhalb der Westfassade. Guter Kontrast: Straßburg danach von unten zu sehen, aus den Kanälen der Ill (150 m zum Schiffsableger: Palais des Rohan).
Beobachten, wie ein Ameisenhaufen organisiert ist, herausfinden, wie ein Staudamm funktioniert oder ein Tier mit Fell sich fühlt und im Studio eine Nachrichtensendung gestalten: 3- bis 16-Jährigen bietet das »Le Vaisseau« gute Anreize, dem Forscherdrang in Fragen von Natur und Technik nachzugehen.
Seit 2004 erfahren junge Besucher, stets zweisprachig, interaktiv und pädagogisch unterstützt, viel über Phänomene unterschiedlicher Wissensgebiete, und dabei auch über sich selbst. – Und mit Tomi Ungerers Humor im Hinterkopf wird's schon gar nicht langweilig.

42 Europapark Rust

Besuchermagnet mit allerlei **Kurzweil** und viel **Nervenkitzel** für jung und älter

Gellende Schreie aus der Nachbarschaft ist man in Rust gewohnt. Kein Wunder, seit 1975 sorgt Deutschlands größter Freizeitpark für viel Rummel – und sprudelnde Gewerbesteuereinnahmen. Gut 4,5 Mio. Gäste besuchen den Europapark pro Jahr, so mancher bleibt über Nacht (4500 Hotelbetten).

Das Familienunternehmen Mack baut die 90 ha große Anlage stetig aus, viele Fahrgeschäfte stammen vom Waldkircher Firmenzweig »Mack Rides«. Die aberwitzigsten Achterbahnen (insgesamt 11) könnte die NASA als Belastungstests für potenzielle Astronauten nutzen.

Bei fünf von ihnen wird eine 4-fache Erdbeschleunigung erreicht, was einer ins All startenden Rakete ent-

spricht. Mehrere Fahrgeschäfte haben zudem »Airtime-Hügel«, bei denen sich kurzfristig Schwerelosigkeit einstellt.

Am rasantesten sind der »Silver Star«, dessen »Lifthill« 73 m hoch ist und dem u.a. ein »First Drop« mit 69° Gefälle und 130 Sachen folgt, sowie der »Blue Fire Megacoaster« mit vier Loopings. In den ersten katapultiert ein Linearmotor die Wagen von 0 auf 100 km/h in 2,5 Sek.

Gut 100 Attraktionen zählt der Park, nicht alle loten physikalische Grenzen aus. Manch Karussell, die Einschienenbahn oder der Euro-Tower (eine sich drehende Aussichtsplattform, die einen 75 m hohen Mast hinauffährt) eignet sich auch für Kinder, die für Achterbahnen noch zu klein sind.

Der Park, den die Alte Elz durchfließt und ein Wasserkraftwerk für den Strom einiger Fahrgeschäfte speist, hat 16 Themenbereiche. 13 davon zitieren Architektur aus Ländern wie Holland, Spanien oder Italien. Einziges historisches Gebäude ist das Renaissanceschloss Balthasar, das sich die Straßburger Adelsfamilie Boecklin von Boecklinsau im 15. Jh. errichten ließ.

- **Karte:** B2
- **Wo:** Rust, via A 5; Busse zum Park fahren von Freiburg, Emmendingen, Herbolzheim und dem nahen Bahnhof Ringsheim
- **Wann:** Einige der großen Fahrgeschäfte sind nur in der Sommersaison geöffnet: (2013) 23.März–3. Nov. 9–18 Uhr (in der Hauptsaison ggf. länger); Wintersaison: (2013/14); 23.Nov.–6.Jan. 11–19 Uhr (24./25.Dez. geschl.); das ganze Jahr über läuft der Hotelbetrieb und finden Shows und andere Attraktionen statt.
- **Wie viel:** 39 €, Kinder (4–11 Jahre) 34 €, Kinder bis 3 J. und Geburtstagskinder bis 12 J. frei, 2-Tageskarte 73 €, erm. 63,50 €, Jahreskarte 158 €, Kinder 4–11 J. 135 €
- **Essen & Trinken:** Restaurants, Cafés, Eisdielen etc. überall im Park
- **Web:** www.europapark.de
- **Sonstiges:** Tipp – an regnerischen Tagen sind die Warteschlangen vor den Achterbahnen (sonst bis zu anderthalb Stunden) wesentlich kürzer.

43 Radtour am (und durch den) Kaiserstuhl

Im Kerngebiet einstigen **Protests** rollt man leicht dahin. Doch locken auch zwei **Pässe**

Für eine lockere Radtour in flachem Gelände, zudem mit viel Wasser rechts und links, ist die Gegend nördlich des Kaiserstuhls wie geschaffen. Ab Riegel führt ein Weg am Leopoldkanal entlang, vorbei an drei Baggerseen. Über die L 105, weiter am Kanal, zweigt er nach 1 km links ab, passiert ein Klärwerk, dann noch ein Stück durch den Wald zur K 5135 und links nach Weisweil. Die Sternenstraße zur Hauptstraße, folgt vis-à-vis die Rheinstraße, in der die »Fischerinsel« nicht nur für gute Fischteller bekannt ist. Im Sommer 1974 wurde sie zum politischen Lokal, konstituierte sich doch hier die deutsch-elsässische Bürgerinitiative gegen das geplante Kernkraftwerk Wyhl.

Im Februar 1975 besetzen Tausende Atomkraftgegner den teils gerodeten Bauplatz im Rheinauenwald zwischen Wyhl und Weisweil. Den Protest trugen breite Bevölkerungsschichten: Bauern, Winzer, Professoren und Studenten. Zehn Jahre dauerte das juristische und politische Ringen, bis die Landesregierung die Finger von dem Vorhaben ließ.

Entlang des Rheinuferwegs

Die Rheinstraße weiter, ist rasch der Auenwald mit mehreren Altrheinarmen erreicht. Über eine Brücke, zweigt nach 500 m links der Alte Großkopfweg ab. Nach weiteren 500 m wieder links radelt man 3 km bis zu einem Querweg. Die Aufforstungen hier lassen noch die Rodungen für das Kernkraftwerk ahnen. Nun rechts, endet nach 500 m der Wald, ein Rückhaltebecken erscheint, dahinter der Rhein. Etwas nach links lässt sich ganz auf den Rheinuferweg wechseln. Flussaufwärts sind es 6 km bis Sasbach am Kaiserstuhl. Wer auf dem flachen, 30 km langen Rundkurs bleiben will, kehrt nun über Königschaffhausen und Endingen nach Riegel zurück (und besucht vielleicht zwei historische Museen).

Wer aber noch einen Schlenker (ca. 18 km, 400 Höhenmeter extra) durch den Kaiserstuhl machen mag: von Königschaffhausen nach Kiechlinsbergen und über den »Texaspass« die Serpentinen hinunter nach Oberbergen. Dort gleich links in die Straße Am Langeneck eingebogen, bringen einen Ruländer- und Hessentalweg unterhalb der Weinberge ins Dörfchen Schelingen, das ganz wunderbar mitten im Kaiserstuhl liegt. Weiter auf der K 4976, geht es 2 km bergauf, dafür aber auch 2,5 km wieder hinunter nach Bahlingen. Von dort sind es keine 4 km zum Startort Riegel.

- **Karte:** B/C2
- **Wo:** Von und nach Riegel; über Weisweil und Sasbach: ca. 30 km; erweitert über Kiechlinsbergen, Oberbergen, Schelingen: ca. 48 km, 400 Höhenmeter
- **Wann:** Vorderösterreich Museum im Üsenberger Hof, Endingen: Mo–Fr 9–12.30, 14.30–18 Uhr, Sa und 1. So im Monat nur vormittags (Nov.–Ostern: Mi nachmittags, Sa/So geschl.); Archäologisches Museum in Riegel, Hauptstr. 12: So 11–17 Uhr
- **Essen & Trinken:** »Sonne« in Schelingen, 12–14 und ab 18 Uhr, Di, Mi Ruhetage
- **Web:** www.sonne-schelingen.de

44 Auf der Alten Elz

Im Kanu mit dem **Paddel** in der Hand hinter Riegel die **Langsamkeit** entdecken

Den Merkspruch »Brigach und Breg bringen die Donau zuweg« machen schlappe 900 m möglich. So nah sind sich Breg- und Elzquelle, doch statt zum Schwarzen Meer will die Elz an die Nordsee. Dabei wählt sie ihre 90 km wie zufällig: Bei Schönwald entsprungen, stur nach Norden, knickt sie im Prechtal plötzlich scharf gen Südwesten und verschönert mit der Wilden Gutach das Elztal bis Waldkirch. Nun wieder in nordwestlicher Richtung, vorbei an Emmendingen, erhält sie kurz vor Riegel am Kaiserstuhl Zulauf von der Dreisam.

Ingenieur Johann Gottfried Tulla bündelte beide im 19. Jh. zum Leopoldskanal stracks Richtung Rhein. Allerdings bündelte er nicht alles. Die Alte Elz blieb im angestammten Bett, wie geschaffen für 12 km mit dem Paddel. Ab dem Alten Wehr in Riegel bietet sich eine öko-kundig geführte Paddeltour im Kanu nach Rheinhausen in reizvoller Flusslandschaft an.

Außer an Rheintalbahn und A5 gibt die Natur den Lärmpegel vor: das Rascheln der Uferweiden und des Schilfs, dazu Wasservögel wie Ente, Blässhuh oder Schwan. Kurz hinter Kenzingen kurvt die Alte Elz durch die Gegend, als wäre sie noch im Schwarzwald. Ein seltsamer Fluss, doch irgendwie zauberhaft.

- **Karte:** B/C 2
- **Wer:** Wildsport Tours (mit ökolog. Erläuterungen)
- **Wo:** von Riegel bis Rheinhausen
- **Wann:** Mai–Okt.; Tourdauer: 3–4 Std.
- **Wie viel:** 35 €, erm. 14/21/28 € (inkl. Boot und Ausrüstung)
- **Essen & Trinken:** Halbzeitpause in Kenzingen, Catering ab 8 €/Pers.
- **Web:** www.wildsport-tours.de

- **Karte:** C3
- **Wo:** Über die B 294 (Autobahnzubringer Freiburg-Nord) zu erreichen
- **Wann:** April–Okt., meist 13–20 Uhr (s. Web)
- **Wie viel:** Tunisee 2 €, erm. 1 €; 3 Runden 7 €, 20 Runden 25 €, 1 Std./erm. 17/13 €, 2 Std./erm. 22/17 €, Tageskarte/erm. 30/25 €; Neoprenanzug, Wakeboard (2 Std./Tag) je 5/10 €.
- **Essen & Trinken:** Seelokal in der Nähe
- **Web:** www.tunisee.de, www.wavecamp.eu

Wasserski

Tunisee: Über Karpfen brettern

Anders als der Name nahelegt, liegt der Tunisee nicht am oder im Tuniberg. Für Gebirge wie Gewässer gilt: Beide sind klein, und doch ist der nur 9 ha große See kein schlechtes Ziel, (künftigen) Freunden des Wasserskifahrens ausgiebige Ritte auf planem Nass zu ermöglichen.

Wellen schlagen, Fontänen sprießen lassen und nebenbei der Schleien und Karpfen tristem Dahindümpeln unter der Seeoberfläche zu etwas Abwechslung verhelfen – seit 2009 lässt sich auf der Wasserskianlage des Sees solchen Freuden frönen.

Statt Motorbooten sorgt ein elektrobetriebener Schlepplift mit fünf Masten für den nötigen Antrieb. Auf dem gut 650 m langen Rundkurs können acht Personen gleichzeitig übers Wasser brettern. Das nötige Material samt Schwimmweste wird gestellt, Anfänger erhalten eine Einführung, gestartet wird von einer Rampe.

Ob auf zwei Skiern, Wake- oder Kneeboard (Monobrett, bzw. eines zum Knien): Die Anlage erlaubt je nach Können Geschwindigkeiten zwischen 25 und 60 km/h. Wer rampenfern die Kurve nicht kriegt, ergo baden geht, wird den Rückweg zu Fuß als Lockerungsübung für die Muskeln begrüßen.

46 Radtour durchs Emmendinger Hinterland

Drei Ruinen und vier Einkehrtipps in einer zauberhaft verschlafenen Gegend

Das Vorfeld des Kandel komponierte der Schwarzwald als Gebirgsouvertüre, deren Tal- und Kammlagen mit Höhen von 255 bis 700 m spielen. Unter dem Gemeindelabel Freiamt vereint, harren zwischen Elztal und Rheinebene 62 kleine Ortschaften und winzige Weiler der Erkundung im Radsattel. Geschichtsträchtige Burgruinen und ein paar kulinarische Schlenker inklusive.

Von Emmendingen die K 5101 nach Windenreute, führt dort die Panoramastraße 70 m höher zur Hochburg (11. Jh.). Im 12. Jh. kam sie erst an eine Seiten-, im 15. Jh. an die Hauptlinie der Markgrafen von Baden. Sie trotzte dem Bauernkrieg, wurde erst um 1600 zur riesigen Festungsanla-

- **Karte:** C 3
- **Wo:** Emmendingen, Brettenbachtal, Gemeindegebiet Freiamt (ca. 30 km, ca. 300 Höhenmeter)
- **Wann:** April bis Okt., dann ist auch das Museum in der Hochburg geöffnet (So, Fei 13–17 Uhr, Eintritt frei)
- **E-Bike-Verleih:** Kaiserstühler-Verkehrsbüro, Adelshof 14, Tel. 0 76 42/68 99 90
- **Essen & Trinken:** »Zum Engel«, Do Ruhetag, Tel. 0 76 41/86 64; Forellenstüble in Reichenbach, Mo, Di Ruhetage, Tel. 0 76 45/3 45; »Krone in Mußbach«, Mi Ruhetag, Tel. 0 76 45/2 27; »Stilzerfritz«, Amsenhof 3, Di, Mi Ruhetage, Tel. 0 76 45/3 91
- **Web:** www.hochburg.de, www.engel-tennenbach.de, www.forellenstueble.de, www.krone-freiamt.de

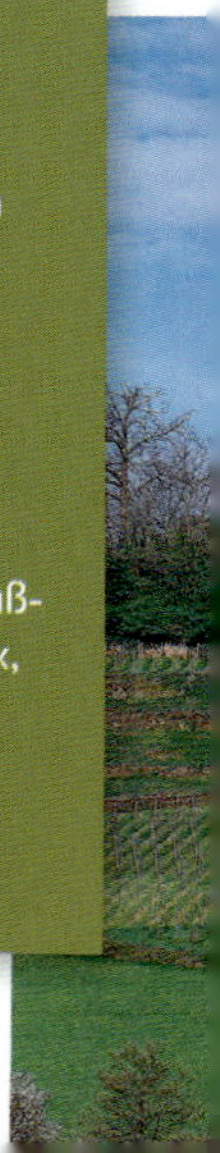

ge. Doch der Dreißigjährige Krieg, ein Brand 1684 und fünf Jahre später die Franzosen machten das Bollwerk zur Ruine in herrlicher Lage, die sie seither ist.

Hinunter ins Brettenbachtal, links auf die L 110, folgt nach 2 km eine Kreuzung. Geradeaus ist bald ein lieblicher Talgrund erreicht, den einst das mächtige Zisterzienserkloster Tennenbach (12. Jh.–1807) belebte. Nur eine gotische Kapelle und ein Nebengebäude, der 200 m entfernte Gasthof »Engel«, sind davon übrig geblieben.

Einkehr vor Kehren

Zurück zur Kreuzung, links das Brettenbachtal 3 km nach Reichenbach, verschmähen am Ortsende nur Fischverächter die vorzüglichen Züchtungen des »Forellenstüble«. Andererseits: Wenig weiter zweigt am Sägplatz die Straße hinauf nach Mußbach ab, wo die »Krone« nicht minder Köstliches auftischt. Von dort die K 5136 durch viel Wald Richtung Landeck, kann, wer bisher jeder Einkehr entsagte, nach 2,5 km links zum lauschig gelegenen Gartenlokal »Stilzerfritz« abbiegen.

Bergab nach Landeck folgen einige Kehren. Über dem Dorf in Hanglage thront mit weitem Blick auf den Breisgau die Ruine der gleichnamigen Burg (1525 im Bauernkrieg zerstört). Hinunter nach Mundingen, dort in der Ortskurve links in die Eichholzstraße, führt der Emmendinger Weg zum Startpunkt zurück.

Aussicht – ohne Zimmer: Vor über 300 Jahren mussten die letzten Bewohner die Hochburg verlassen.

47

Colmar

Kleine Gassen und **große** Malerei

- **Karte:** A 3
- **Wann:** Musée Bartholdi: März–Dez. 10–12, 14–18 Uhr, Di geschl.; Musée Unterlinden: Mai–Okt. tgl. 9–18 Uhr, Nov.–April 9–12, 14–17 Uhr, Di geschl.; Dominikanerkirche: 10–13, 15–18 Uhr
- **Wie viel:** Musée Bartholdi: ca. 3 €; Musée Unterlinden: 8 €, erm. 5/6 €
- **Web:** www.ot-colmar.fr, www.musee-unterlinden.com

Colmar hieß lateinisch Columbarium (Taubenschlag). So geht es sommers hier auch zu: Fachwerkreich bedient die Altstadt das Mittelalterbedürfnis vieler Besucher.

Zentrales Bauwerk ist die Martinskirche (13./14. Jh.). Auf der Südseite der Place de la Cathédrale steht links neben der Alten Wache das älteste Haus der Stadt, die gotische Maison Adolphe (1350). Gleich um die Ecke war die Maison Pfister (1537) einst der Palast eines Hutmachers.

Einen schönen Winkel bildet die Rue des Marchands, wo sie die Grand' Rue trifft. Beschaulich ist auch die Place de l'Ancienne Douane samt Koïfhus (15. Jh.) und Schwendi-Brunnen von F.-A. Bartholdi, der zuvor New Yorks Freiheitsstatue schuf.

Unweit locken die Lokale an der Lauch ins lauschige »Petit Venice«. Zuvor lohnt ein Blick auf weltberühmte Kunstwerke: Matthias Grünewalds Isenheimer Altar (um 1510, Museum Unterlinden) und Martin Schongauers Madonna im Rosenhag (1473, Dominikanerkirche).

48 Burkheim

Kleinstädtle mit **Katzenköpfen, Korkenziehern** und einem **Nachtwächter**

Lazarus von Schwendi (1522–1586) war ein mächtiger Mann. Als Berater der Kaiser Karl V. und Maximilian II., zudem General, erwarb er die Rechte an manchem oberrheinischen Städtchen. 1561 kam er auch zu Burkheim am Kaiserstuhl, das sich mit kaum tausend Einwohnern heute rühmt, eine der kleinsten deutschen Städte zu sein (auch wenn sie nach einer Gemeindereform zu Vogtsburg gehört). Hier ließ Schwendi die Stadtmauer errichten und auf einem Bergsporn über den Resten einer im Bauernkrieg zerstörten Burg auch ein Renaissance-Schloss. 1673 machten es französische Truppen wiederum zur Ruine, die das schmucke, mittelalterliche Städtlebild heute reizvoll ergänzt.

Viel Fachwerk, geranienbewährte Sprossenfenster und Katzenkopfpflaster umspielen Burkheims herausragende Gebäude: das Haus zu den fünf Türmen, ein Stadttor, Rathaus und Barockkirche St. Pankratius (1742, auf gotischem Sockel). Zweimal die Woche findet eine kuriose »Nachtwächterführung« auf Alemannisch statt. Ideal, um einen Sommernachmittag am örtlichen Baggersee (und die Einkehr in einem der netten Lokale danach) kulturell ausklingen zu lassen.

- **Karte:** B 3
- **Wann:** Nachtwächterführungen: Mi, So 22 Uhr; Beginn am Stadttor; Korkenziehermuseum: April–Dez. Mi–Sa 11–18 Uhr; Nächste Weintage: 2014 (Anfang Sept.)
- **Essen & Trinken:** »Siebter Himmel« mit Terrasse unter alter Linde und einem kaum minder alten Kellergewölbe, Mittelstadt 3
- **Web:** www.burkheim-touristik.de, www.korkenzieher.de, www.siebterhimmel.de
- **Sonstiges:** Das Korkenziehermuseum (Mittelstadt 18) hortet 800 Entstöpsler aller Epochen zur Flaschenbefreiung der Öchsle.

49 Wanderung auf dem Geopfad bei Eichstetten

Lösskindel, Kandelblicke und allerlei andere Facetten des Kaiserstuhls

Topfeben sind die 300 km zwischen Basel und Mainz: der Oberrheingraben ist eine 35 bis 16 Mio. Jahre alte, 40 km breite Senke, deren südlichen Abschnitt Schwarzwald und Vogesen säumen. In dieser Senke erhebt sich als einziges Gebirge der Kaiserstuhl. Das Unikum geht geologisch auf Sedimentablagerungen im Jura (vor ca. 200–145 Mio. Jahren) zurück, die im Osten des späteren Gebirges den Sockel bildeten. Wesentlich jünger ist die vulkanische Geburt des Kaiserstuhls, die vor 20 bis 16 Mio. Jahren gegen Ende der Entstehung des Oberrheingrabens stattfand.

Am jüngsten ist der Lößboden, der im Quartär (den letzten 2,6 Mio. Jahren), hinzukam. Hiesiger Löß wurde als getrockneter Rheinschlamm und Kalk aus den Alpen angeweht und bildete eine 10 bis 40 m dicke Schicht. All dies brachte mineralienreiche Böden, die das milde Klima speichern und den Kaiserstuhl ideal für Weinbau machten.

Grund genug also, sich auf den Geopfad bei Eichstetten zu begeben, der eine interessante Wanderung verspricht.

Vom »Samengarten« im Altweg führt der knapp 10 km lange Pfad (300 Höhenmeter) an 13 Stationen vorbei, die unter anderem erläutern,

- **Karte:** B3
- **Wann:** beste Zeit von Frühjahr bis Herbst
- **Essen & Trinken:** Ausgezeichnete Grau- und Spätburgunder: Weingut Arndt Köbelin (Eichstetten, Altweg 131); Do, Fr 9–12, 15–18, Sa 9–12 Uhr (Weinproben s. Web)
- **Web:** www.eichstetten.de, www.weingut-koebelin.de
- **Sonstiges:** Wer noch Muße hat, die Kaiserstuhlimpressionen zu vertiefen, dem bieten sich zwei sehenswerte Schlenker an, beide ab der Schutzhütte nördlich unterhalb der Eichelspitze. Einerseits zum Badberg (2 km hin und zurück, ausgeschildert), der als Wärmespeicher, überzogen von einem Teppich seltener Gräser und Pflanzen, mitten im Kaiserstuhl liegt. Andererseits zur Katharinenkapelle (18. Jh.) über Amoltern, wohin es, oberhalb der Rebstockgrenze, via Parkplatz Schelinger Höhe geht. Meist am Laubwaldrand bieten sich hier feine Blicke ins Weingebirge (hin und zurück ca. 5 km).

Dank Böden und Klima einer der fruchtbarsten Landstriche Deutschlands

was es mit vulkanischem Gestein wie dem Karbonatit oder dem graugrünen und hell klingenden Phonolith auf sich hat.

An einer Stelle lässt sich (Taschenlampe nützlich) ein 35 m langer Lößstollen begehen, den Winzer einst zwischen zwei Rebhängen gruben. Unterwegs finden sich auch sogenannte »Lößkindel«, knollenartige Gesteinsbrocken mit hohem Kalkgehalt, manche ähneln Figuren. Sie entstanden, als ausgewaschener Kalk in tiefere Schichten sickerte und sich dort mit Löß verband. Bei der Terrassierung des Kaiserstuhls in den 1970er-Jahren kamen zahllose Lößkindel, die über 30 cm groß sein können, zu Tage. Findlinge dürfen mitgenommen werden.

Die Eichelspitze (521 m) markiert als zweithöchster Kaiserstuhlgipfel auch den Höhepunkt der Strecke, nochmals gut 42 m misst der 2006 errichtete Turm. Auch der Rückweg (2,5 km) hinunter nach Eichstetten bietet viel Ausblick auf den Schwarzwald, besonders zum Kandel.

50 Freilichtmuseum Vogtsbauernhof

Hippenseppen, Bähofen und Deicheln: Schwarzwälder Alltagsleben ohne Klischees

Den modernen Kassenbereich passiert, erwartet den Besucher eine kompetente Darstellung Schwarzwälder Wohnkultur früherer Epochen. Die derzeit 19 Gebäude sind keine auf alt getrimmten Nachbauten, sondern aus allen Ecken und Winkeln des Schwarzwaldes hierher verpflanzte Originale.

Beinahe ist es, als stünde man in den Geschichten und Gedichten Johann Peter Hebels oder Wilhelm Hauffs Erzählung »Das Kalte Herz« von 1827. Wie das Schwarzwälder Leben vor und um 1800 sich abspielte, die Kargheit und Strenge bäuerlicher Tagesabläufe (weit entfernt von später verklärten Vorstellungen rustikaler Gemütlichkeit), davon lässt sich einiges in Baden-Württembergs ältestem Freilichtmuseum erfahren, das 1963 rund um den Gutacher Vogtsbauernhof von 1612 entstand.

Er ist eines von acht historischen Bauernhäusern mit ihren schwarzwaldtypisch tief herabgezogenen Krüppelwalmdächern. Das älteste vor Ort ist der Hippenseppenhof aus Furtwangen von 1599, das jüngste das Hotzenwaldhaus (1757). Auch ein Leibgedinghäusle (1652) für Altbauern lässt sich besichtigen, zudem

Speicher, Mühlen und anderes. Im Holzgeruch ist der Atem ferner Zeiten, Freud und Leid der Bauern, Knechte und Mägde gespeichert. Es braucht nicht viel Einbildungskraft, das alemannische Gemurmel, Lachen, Fluchen und die Geräusche des Viehs zu erahnen, während man auf knarzenden Böden in scheinbar eben erst verlassene Bauernstuben blickt, deren niedrige Türsturze heutigen Besuchern durchschnittlicher Körpergröße dringend das Kopfeinziehen gebieten.

Auch scheinbar nebensächliche Details sind an den Wegerändern des Parks zu finden, wie der »Moser-Bildstock«, den 1747 ein Hausacher Schuster seiner verstorbenen Frau errichten ließ, oder hinter dem Kinzigtäler Speicher der »Bähofen«, ein ebenerdiger Ofen, dessen Hitze nasse Hasel- und Weidenruten geschmeidig für die stabile Bindung von Flößen machte. Die Flößerei war einst ein wichtiger Erwerbszweig der Region, immerhin steht halb Amsterdam auf Schwarzwälder Baumstämmen. Und nebenan, im »Lorenzhof«, wird erklärt, wie Baumstämme zu Deicheln, zu Wasserleitungen ausgehöhlt wurden.

Das Angebot ergänzen in der Hauptsaison Kochkurse, Handwerksvorführungen und aufschlussreiche Sonderausstellungen (frühere Themen etwa: »Geschichte des Dritten Reiches im Schwarzwald« und »Bilderbuchschönheit des Schwarzwaldmädels«).

- **Karte:** D 2
- **Wo:** An der B 33 zwischen Gutach und Hausach
- **Wann:** Ende März bis Anfang Nov. tgl. 9–18, letzter Einlass 17 Uhr, Aug. 9–19, letzter Einlass 18 Uhr; freie Führungen tgl. 14.30, Aug. auch 11.30 Uhr; Mühlenvorführungen: tgl. 11.15, 12.15 und 14.15 Uhr, Handwerksvorführungen: Mai–Okt., tgl. 11 Uhr
- **Wie viel:** 8 €, erm. 7 €, Kinder und Jugendliche (6–17 J.) 4,50 €, Familien ab 18 €; tgl. Führungen frei, Gruppenführungen auf Anfrage ab 40 € plus Eintritt
- **Essen & Trinken:** Museumsgasthof »Zum Hofengel« mit Biergarten, tgl. 9–19 Uhr; außerdem ein Kiosk auf dem Gelände
- **Web:** www.vogtsbauernhof.org

51 Baumkronenweg und Elztalmuseum

Zwischen Spechten und Orgelpfeifen: Waldkirch hält auch Kinder bei Laune

Der Aufstieg zum Baumkronenweg, hoch über Waldkirch, ist nicht ohne. 170 Höhenmeter (1,1 km, bis 13 % Steigung) geht es einen Ausläufer des Kandel hinauf. Dennoch wird selbst bei jüngeren Begleitern kaum Langeweile aufkommen, sorgt doch der »Sinnesweg« für lehrreiche und kuriose Abwechslungen. Stets naturnah werden hier etwa verkehrte Bäume (Wurzeln gen Himmel) oder ein Ratespiel über die erstaunlichen Kräfte eines Waldbewohners geboten (Tipp: Die Ameise ist es diesmal nicht).

Abwärts auf der Röhrenrutsche

Nach dem Kassenhäuschen folgen weitere kurzweilige Installationen, ein Barfußpfad etwa und unterschiedlich geknüpfte, bis ca. 10 m hohe Hängebrücken des »Abenteuerpfads«. Hauptattraktion ist der 200 m lange Baumkronenweg. Auf stabilen Stelzen führt er in Wipfelhöhen von 23 m, vorbei an Erläuterungen zu Flora und Fauna – darunter der, warum ein Specht bei seinem seltsamen Tun keine Kopfschmerzen bekommt. Nicht nur die ungewohnte Perspektive, Baumstämme von oben herab zu betrachten, ist ein Erlebnis. Mitunter erlauben auch in den Boden

- **Karte:** C3
- **Wo:** Waldkirch (Baumkronenweg und Museum ausgeschildert)
- **Wann:** Baumkronenweg (2013) 29. März–3.Nov. (Öffnungszeiten s. Web), 16.Mai–8.Sept. tgl. 10.30–19, letzter Einlass 18.30 Uhr; Elztalmuseum: Ostersonntag–31. Okt. Di–Sa 15–17, So 11–17 Uhr, 1. Nov.–Ostersamstag Mi, Fr, Sa 15–17, So 11–17 Uhr
- **Wie viel:** Baumkronenweg: 5,50 €, Kinder (5–15 J.) 4 €, Eltern mit Kindern (5–15 J.) und Kindergeburtstag 5/3.50 €, Kinder bis 4 J. frei; Elztalmuseum: 4 €, erm. 3 €, Kinder 6–16 J. 1 €, Fam. 8 €, Orgelführungen (Mi, So 15 Uhr): 6 €, Kinder 2 €, Fam. 12 €.
- **Essen & Trinken:** Museumscafé: So 14–17 Uhr, unweit (Goethestr.): »Stadtrainsee« mit Biergarten und Seeterrasse
- **Web:** www.baumkronenweg-waldkirch.de, www.elztalmuseum.de

Grünes Farbenspiel in den Baumwipfeln am Kandel

eingelassene Gitterroste einen bis zu 20 m tiefen Blick, direkt unter den Füßen durch.

Für den (Teil)Rückweg lohnen sich 2 Euro extra an der Kasse: So viel kostet die Benutzung der 190 m langen »Highspeed«-Röhrenrutsche, die wohl längste Europas. Eingewickelt in eine Filzdecke saust man darin mit Karacho talwärts. Eine rasante Gaudi. (Um Tränen vorzubeugen: Kinder dürfen erst ab 8 Jahren in die Röhre.)

Wem nach so viel Natur auch nach etwas Kultur ist, dem bietet das Elztalmuseum am Kirchplatz Abhilfe. Der Regionalgeschichte, v. a. aber Waldkirchs traditionsreichem Orgelbau gelten die Themen der Dauerausstellung in der einstigen Probstei (18. Jh.) des Chorherrenstifts St. Magaretha. Im Orgelmuseum sind u. a. Schaustellerorgeln und Musikautomaten aus verschiedenen Epochen zu sehen und zu hören. Bei offenem Fenster geben Spechte schon mal den Takt vor.

52 Radtour zum Kandel

Landpartie mit **Spitzkehren**: was leicht beginnt, hat später **alpines Format**

Eine Radtour von Freiburg zum Kandel verläuft bis Waldkirch flach. Via Gundelfingen und Heuweiler, am Ausgang des Glottertals die B 294 unterquert, rechts in Denzlingens Elzstraße, geht es an deren Ende über die Elz nach Buchholz. Hier in die Alte Dorfstraße, links in die Fohrenbühlstraße zu den Weinbergen jenseits der Elztalbahn.

Rechts nach Waldkirch baut sich der Kandel (1241 m) nun mächtig vor einem auf. Nach der Elztalbrücke links in die Merklinstraße, in die Schlettstattallee und die Engelstraße zu Waldkirchs schmuckem Markplatz – Zeit für ein Radler.

Zwar gibt es im Schwarzwald manch schweren Anstieg, doch die Kandelstraße wird – kein Witz – mit der L'Alpe d'Huez, dem berüchtigten Bergziel der Tour de France verglichen. Das Profil des Alpenklassikers ist kaum fieser als der Anstieg von Waldkirch auf den Kandel (12,2 km, 7,7 % im Schnitt, Rekord: 34 Min.). Acht Spitzkehren zählt die Strecke. Oben belohnt eine tolle Aussicht, doch die Terrassen der beiden Gasthäuser sind auch nicht falsch. Nach so viel Höhe folgt eine steile Abfahrt: Wer nicht mehr bergauf will, wählt das Glottertal hinunter und via Heuweiler zurück wie gehabt.

- **Karte:** C/D 3
- **Wo:** via Freiburg, Waldkirch, Kandel, St. Peter, Freiburg; ca. 55 km, ca. 940 bzw. 1050 Höhenmeter
- **E-Bike-Verleih:** extratour, Schwabentorring 12, Freiburg, Tel. 07 61 / 28 67 33, www.extratour-freiburg.de
- **Essen & Trinken:** Am Gipfel: Kandel-Berghotel und Kandelhof
- **Web:** www.kandel-berghotel.de, www.kandelhof.de
- **Sonstiges:** Variante Rückweg: Im Glottertal L 112 hoch nach St. Peter (1,5 km); steil bergab bis Eschbach, dann sachte via Zarten (alte B 3) nach Freiburg.

53

- **Karte:** C/D 3
- **Wo:** Kandel
- **Wann:** Mai–Okt. (30 Min. oder länger, wetterabhängig)
- **Wie viel:** 80–100 €, teils 125 € (je nach Anbieter)
- **Essen & Trinken:** da es keinen Bordservice gibt: s. Tipp 52
- **Web:** www.kandel-air.de, www.skytec.de, www.skysailor.de

Tandemflug

Sitzend oder im **Liegen** mitfliegen

Drachen steigen lassen, das will so ziemlich jedes Kind. Aber Passagier eines Drachens sein? Auf Augenhöhe der Vögel fliegen ist nichts für Ängstliche, das braucht schon einige Überwindung. Hinzu kommt die Qual der Flugwahl: Drachen- oder Gleitschirmfliegen? Mit beiden lassen sich Tandemflüge unternehmen. Vor allem die Körperhaltung variiert: Drachenflieger bewegen sich Kopf voraus, bäuchlings im Geschirr hängend, die Hände an einem Gestänge, dem Steuerbügel. Hingegen wird im Gleitschirm sitzend geflogen, den Kopf aufrecht, während der Pilot mit Seilzügen, den Steuerleinen, lenkt.

Ganz gleich, mit welch luftigem Gefährt, bekommt man vom Kandel (1241 m) als Startpunkt des Flugs einiges zu sehen: etwa die Freiburger Bucht, in der die Rheinebene einst in den Schwarzwald bog, als wolle sie noch Platz für den Kaiserstuhl schaffen. Oder, am Kandelfuß, Waldkirch mit der Elz, diesem seltsamen Fluss (Tipp 44). Ersichtlich wird auch, dass die Schwarzwaldklinik nicht wie in der TV-Serie beim Schluchsee liegt, sondern im Glottertal – und dort wird auch nach rund 30 Minuten wieder gelandet.

54 Kloster St. Peter

Beeindruckend wie ihre Umgebung ist die einstige **Benediktinerabtei**

Wie Freiburg, Bern und elf kleinere deutsche und Schweizer Städte verdankt auch die Gemeinde St. Peter im Schwarzwald ihre Existenz den Zähringern. In 700 m Höhe gründeten sie 1093 ein Kloster, 27 Jahre bevor unten im Breisgau Freiburg das Stadtrecht erhielt. Die Gebeine des letzten Zähringers, Bertold V. (1160–1218) ruhen im Freiburger Münster, seine Ahnen sind im Kloster St. Peter begraben.

Ein Meisterwerk des Rokoko

Mit der von reformfreudigen Benediktinern betriebenen Abtei wuchs drum herum auch der Ort, beide prosperierten dank üppiger Pfründe prächtig. Nach Streitigkeiten mit den Grafen von Freiburg wurde St. Peter 1361 Reichskloster. Von 1724 bis 1756 erhielt die Abtei ihre heutige Gestalt als ein Meisterwerk des Rokokoarchitekten Peter Thumb. Allein schon die überbordende Pracht der Bibliothek (ausgestaltet von Johann Christian Wentzinger und Matthias Faller) lohnt den Besuch. Nach Aufhebung (1806) lange Zeit Priesterseminar, ist das Kloster seit 2006 »Geistliches Zentrum« der Erzdiözese Freiburg.

Ein netter Spazierweg führt von St. Peter zur 3 km südwestlich gelegenen Wallfahrtskirche Maria Lindenberg (1802), deren Terrasse einen feinen Blick auf Iben- und Dreisamtal spendet.

- **Karte:** D 3
- **Wann:** April–Okt. (beste Zeit für Spaziergang), Klosterführungen: Di 11, Do 14.30, So, Fei 11.30 Uhr
- **Wie viel:** Klosterführungen 6 €, erm. 2 €
- **Essen & Trinken:** Gut Badisches im »Bürgerstüble« (Di geschl.); gehobene Küche bietet die »Sonne« (Mo Ruhetag); eine Pilgergaststätte hat Maria Linderberg (Mo geschl.)
- **Web:** www.st-peter-schwarzwald.de, www.sonne-schwarzwald.de, www.buergerstueble.de, www.pilgergaststaette-lindenberg.de

55

- **Karte:** D4
- **Wo:** Im Hugenhof (Erlenbruckerstr. 35), Tel. 0 76 52/98 21 92
- **Wann:** Di, Mi, Fr 14–17; Sa, So, Fei 12–17 Uhr (und nach Vereinbarung)
- **Wie viel:** 5 €, erm. 4 €, Kinder bis 16 J. frei, Führungen 35 €
- **Essen & Trinken:** Sehr fein in einem Glaspavillon mit echtem Jugendstil: Café Diva, Adlerplatz 3 (Parkhotel Adler), Di–So 11–18 Uhr
- **Web:** www.schwarzwaelder-skimuseum.de

Skimuseum

Vom **Schneetreiben** in Hinterzarten

Die unübersehbare Adlerschanze errichtete der Skiclub Hinterzarten 1924. Clubmitglieder wie Dieter Thoma oder Sven Hannawald schafften es in die Weltspitze des Skispringens. Und seit 1997 widmet sich ein Museum im Ort der Geschichte des Schnee-Treibens.

Verschneite Landschaften aktiv als Erlebnisraum nutzen, kam Ende des 19. Jh. von Norwegen her auch in Mitteleuropa in Mode. Pioniere wie Mathias Zdarsky oder Hannes Schneider passten den Skilanglauf alpinem Gelände an. Letzterer war zudem Hauptdarsteller im Stummfilm »Wunder des Schneeschuhs«, womit die Freiburger Skifilmer Arnold Fanck und Sepp Allgeier im Jahr 1920 das Publikum erstaunten.

Das Skimuseum im Hugenhof (18. Jh.) zeigt viele Facetten des Wintersports, auch Skimoden und -ausrüstungen im Wandel der Zeit. Und die nächsten Lifte und Loipen sind nicht weit.

56 Action Forest

Wer sich traut, erfährt in Titisee-Neustadt eine Art **Seiltänzerfeeling**

Im Hirschbühl, einem Wäldchen bei Titisee, lockt der Hochseilgarten »Action Forest« mit Nervenkitzel. Balancegefühl und das Bekämpfen von Höhenangst lassen sich hier ideal trainieren – also wie man, trotz Karabinersicherung, den inneren Schweinehund überwindet. Nahrung kriegt er dennoch genug.

Fünf unterschiedlich schwere Kletter-Parcours bietet die Anlage. In 6 m Höhe über schmale Bretter oder gar nur Seile zu balancieren, gehört hier zu den leichteren Übungen. Noch 23 m höher, auf schwankenden Planken und kaum einen Halt mehr für die Hände, sieht die Sache schon anders aus. Ein wenig Kondition ist nicht von Nachteil.

Bei der Kraxelei kann sich ein primatenartiges Hochgefühl einstellen. Um dem Affen noch eine Portion Zucker zu geben, lässt sich zur rasanten Rückkehr auf den sicheren Boden der »Skyfox« nehmen. An dem gut 200 m langen Stahlseil rauscht man mit 80 Sachen 70 Höhenmeter hinab.

Besucher erhalten Klettergeschirr und Helm. Trainer sind stets in der Nähe.

- **Karte:** D4
- **Wo:** Titisee-Neustadt (Ortsteil Titisee) Neustädter Str. 41, Tel. 0 76 51 / 9 36 59 77 (B31, Ausfahrt Neustadt-West, Parkplatz Titisee, dort beschildert)
- **Wann:** 2013: 23. März bis letztes Oktoberwochenende, meist 10–19 (letzter Einlass 16) Uhr, genaue Öffnungszeiten siehe Web. Kinder bis 13 J. nur in Begleitung Erwachsener
- **Wie viel:** ohne Skyfox 19 €, Jugendliche (14–17 J.) 16 €, Kinder (1,10 m–13 J.) 13 €; mit Skyfox (sofern wieder in Betrieb): 25 €, erm. 21 €
- **Web:** www.action-forest.de

815
6-8

57 Auf Nebenwegen zum Feldberg

Tageswanderung über **Weiden** und durch **Wald** oberhalb des St. Wilhelmer Tals

Mag der Feldberg (1493 m) nur halb so hoch sein wie die Zugspitze (2962 m), Deutschlands höchste Erhebung außerhalb der Alpen ist trotzdem ganz schön mächtig. Viele Wege führen zu ihm, breite (wie vom Stübenwasen) mit Platz für ganze Gruppen und so schmale, dass sich nur hintereinander gehen lässt. Einen der letzteren Art findet, wer von der Erlenbacher Hütte (1100 m), also von Westen, zum Feldberg wandert. Zunächst (etwa 2 km) auf einem Wirtschaftsweg, links und rechts Weiden, vorbei am Hügel »Toter Mann« und in einen Wald, verschlankt sich darin das Geläuf auf Pfadbreite. Am Waldende öffnet sich

der Hüttenwasen, was den Feldberg prima inszeniert. Vielleicht sein erhabenster Anblick. Am Waldrand hinunter zu einem Sattel und ebendort rechts, 500 m Richtung St. Wilhemer Tal, taucht eine kleine Hütte auf. Jenseits des nahen Baches beginnt links (gelbe Raute) ein sehr beschaulicher, stets bergauf mäandernder Waldpfad über viele Wurzeln (v. a. von Bergahorn und Buchen). Eher wenig frequentiert, führt er zum Immisberg (1373 m), einer unscheinbaren Schulter des Feldbergs. Unterwegs lässt sich ins St. Wilhelmer Tal blicken. Und in steile Tobel: ein wildes, mit etlichen Felsen gespicktes Gelände, das als Bannwald sich selber überlassen ist. Der Immisbergpfad verläuft am oberen Rand dieses Reservats. Oben angekommen, links nun wieder Weiden, trifft der Pfad bald einen breiteren Weg, auf dem in wenigen Minuten Baden-Württembergs höchste Einkehrmöglichkeit, die St. Wilhelmer Hütte (1380 m), erreicht ist.

113 Meter höher, auf dem Gipfel, zeigen sich bei guter Sicht Zugspitze, Schweizer Alpen und Vogesen. Den Nordhang des Feldbergs hinunter führt ein Weg durch steiles Kargelände zur Zastler Hütte (1263 m). Über den Hüttenwasen geht es recht moderat zur Erlenbacher Hütte zurück (ca. 1,5 Std.).

- **Karte:** C4
- **Wann:** Mai–Okt., ca. 5–6 Std. Gehzeit
- **Essen & Trinken:** Erlenbacher Hütte 10–22 Uhr (Mo geschl.), Tel. 0 76 61 / 45 18; St. Wilhelmer Hütte 10–17 Uhr (Mi geschl.), Tel. 0 76 76 / 3 42; Zastler Hütte 10–18 Uhr (Do geschl., außer feiertags, dann Mi geschl.), Tel. 0 76 76 / 2 44
- **Web:** www.erlenbacher huette.de, www.sankt wilhelmerhuette.de, www.zastler-hütte.de

58 Wintersport auf dem Feldberg

Zwischen **Slalom** und **Verklärung:** Hoch her geht's am höchsten Schwarzwaldgipfel

Skifahrer, zumal alpine, sind Zeitgenossen, die im Winter vor allem eines im Kopf haben: Schnee. Davon gibt es am Feldberg massenweise, was wiederum massenhaft alpine Skifahrer anlockt. Und sollte Frau Holle, angeblich am hessischen Hohen Meißner zu Hause, den Schwarzwald mal vergessen haben, sorgen Beschneiungsanlagen für kilometerlanges Weiß. In den vergangenen Jahren wurde viel Geld in die Infrastruktur investiert. Das muss sich nun rentieren.

Der Feldberg selbst gibt im Grunde nur seinen Namen her, das Skigeschehen darf ihm an einem Seitenbuckel runterrutschen, dem zwei Kilometer südlich gelegenen Seebuck (1448 m). Dort liegt auch der Ort Feldberg, der im Sommer vom Wandern, im Winter vom Skizirkus

- **Karte:** C4
- **Was:** Ski alpin, Snowboard, Snowkiting
- **Wo:** Wintersportzentrum Feldberg
- **Wann:** Ende Nov.–April bei genügend Schnee; Lifte in der Hauptsaison tgl. von 9–16.30 Uhr in Betrieb
- **Wie viel:** Saison 2012/13: Tageskarte 29 €, Jugendliche (Jahrgänge 94–96) 23 €, Kinder (Jg. 97–2006) 16 €, jüngere Kinder 8 €
- **Web:** www.liftverbundfeldberg.de, www.hochschwarzwald.de
- **Sonstiges:** Mit der »Hochschwarzwald Card« (gratis ab 2 Übernachtungen in einem der 239 teilnehmenden Häuser) ist u. a. die Nutzung der Lifte im Skigebiet Feldberg kostenlos.

lebt. Mit der katholischen Verklärungskirche nennt er stolz Deutschlands höchstes Gotteshaus sein Eigen. Zufall oder höhere Fügung: Der Kirchenname geht auf die im Neuen Testament berichteten Geschehnisse am Berg Tabor zurück, von denen es heißt (Matth. 17,2), Jesus habe sich vor den Aposteln verklärt, »sein Angesicht leuchtete wie die Sonne, und seine Kleider wurden weiß wie das Licht«. Oder eben wie Schnee. Es klingt, als wäre diese Kirche ein launischer Kommentar zum heutigen Skigebiet.

Sonnig geht es jedenfalls auch auf dem Seebuck zu, wo fünf der 15 Liftanlagen am Feldberg den Südhang versorgen. Die anderen zehn liegen an den Nordhängen jenseits der B 317, über die eine Skibrücke führt (erfordert also kein Abschnallen). Den Liftverbund mit Todtnauberg, Muggenbrunn, Altglashütten und Menzenschwand (28 Lifte, 50 km Pisten) nicht mitgerechnet, findet man am Feldberg vier Sessel- und elf Schlepplifte für 30 leichte bis sehr schwere Pistenkilometer vor.

Zwischen dem Bismarck-Denkmal auf dem Gipfel des Seebuck und der tiefsten Talstation in Fahl liegen beachtliche 503 m Höhenunterschied – kein anderes deutsches Skigebiet außerhalb der Alpen kann da mithalten. Dazu trägt auch das höllische »Fahler Loch« bei. Die Weltcup-Slalomstrecke nötigte im Jahr 1983 sogar der schwedischen Skilegende Ingemar Stenmark größten Respekt ab. Wem der supersteile Hang (400 m Höhendifferenz) noch nicht das Letzte abverlangt, findet parallel dazu eine Buckelpiste. Genussfahrer ziehen da die gemütlichere »Rothaus-Abfahrt«, mit 3 km die längste des Skigebiets, vor. Apropos Genüsse: Für die leiblichen sorgen sieben Jausenstationen im Pistenbereich. Mag mancher sie auch, jenseits von Neuem Testament und Promillegrenze, in erkennbarem Verklärungszustand wieder verlassen.

59 Von Hinterzarten auf den Feldberg

Über dem **Brachsenkraut** des Feldsees kraxeln Wanderer nach oben

Der Schwarzwälder Feldberg ist der höchste deutsche Gipfel außerhalb der Alpen. Zahlreiche Wege führen hinauf (vgl. Tipp 57), dieser hier zieht sich von Hinterzarten aus eine Weile gemütlich durch Wald und über Weiden, bevor er kurz unter der Gipfelregion richtig steil wird.

Vom Bahnhof rechts, links in die Rathaus- und Erlenbruckerstraße, vorbei am Skimuseum (Tipp 55) auf den Oberzartener Weg, folgt ein Waldstück, auf dem die 1000-Höhenmetermarke tangiert wird. Nach 2,5 km öffnet sich der Wald, rechts taucht ein Gehöft auf, nach 300 m eine Weggabelung. 50 m nach rechts, dann links 1 km am Waldrand entlang, noch 1,5 km durch dichten Tann, kommt der Raimartihof von 1710 samt Biergarten in Sicht.

Fünf Minuten vom Lokal liegt vor senkrechter Felskulisse der runde Feldsee, den ein Gletscher hinterließ, dessen Seebach einst die Quelle der Urdonau war, bevor die Wutach sich für den Rhein entschied. So sehr der See an heißen Sommertagen lockt: Baden ist streng verboten, schon des seltenen stachelspornigen Brachsenkrauts wegen. Der geschützte Unterwasserfarn wächst nur hier und im Titisee.

Vom Südufer des Feldsees führt nun ein mächtig steiler Pfad hinauf zum

Feldberger Hof am Fuß des Seebuck (1448 m). Zwischen diesem Vorbuckel, den ein Bismarck-Denkmal schmückt, und dem 1,5 km entfernten Hauptgipfel des Feldbergs (1493 m) liegt der Grüblesattel, über den es zurück ins Tal geht.

Der 12 km lange Abstieg vom Grüblesattel (1419 m) nach Hinterzarten auf dem Emil-Thoma-Weg ist gut ausgeschildert und verläuft, nach der Weide, nun nördlich des Feldsees, zunächst durch abschüssig felsiges Gelände. Durch viel Wald geht es danach angenehm bergab zum Matthisleweiherweg, der in Hinterzartens Erlenbruckerstraße mündet.

- **Karte:** C/D 4
- **Was:** Tagestour, Gehzeit 6–7 Std., ca. 25 km Wegstrecke, ca. 700 Höhenmeter
- **Wo:** von Hinterzarten zum Feldsee, über den Feldberg; auf dem Emil-Thoma-Weg zurück nach Hinterzarten
- **Wann:** Mai–Okt.
- **Essen & Trinken:** »Raimartihof«: Juni–Nov. tgl. 9–19 Uhr (sonst: Di Ruhetag), Tel. 0 76 76 / 2 26, www.raimartihof.de; »Feldberger Hof«: tgl. geöffnet, Tel. 0 76 76 / 1 80, www.feldberger-hof.de
- **Sonstiges:** Die Wanderung umgekehrt zu gehen, bietet die Variante, ein Stück des Rückwegs mit der Bahn zu fahren: von Hinterzarten den Emil-Thoma-Weg zum Grüblesattel, dann (mit oder ohne Feldberggipfel) auf den Seebuck, hinunter zum Feldsee und Raimartihof. Nach der Jausenstation sind es 4,5 km (beschildert) nach Bärental, zu Deutschlands höchstgelegenem Bahnhof (auf 967 m Höhe). Die Dreiseen- bzw. Höllentalbahn bringt einen nach Hinterzarten.

60 Baden und wandern am Schluchsee

Unbebaut, lockt vor allem das südliche Ufer mit **Ruhe** und viel **Natur**

Im von der Schwarza gespeisten Schluchsee (930 m) kann es vorkommen, dass man auch in Rheinwasser badet. Die höchste deutsche Talsperre ist zugleich der größte See im Schwarzwald (5 qkm, bis zu 61 m tief). Der zweithöchsten Staustufe (nach dem Hornbergbecken), die das Schluchseewerk betreibt, wird nicht nur Wasser für den Turbinenantrieb entnommen. Bei Stromüberkapazitäten im Netz werden beachtliche Mengen sogar aus dem Rhein bei Waldshut 590 Höhenmeter nach oben gepumpt.

Freier Uferzugang für alle

Der Wasserspiegel des einstigen Gletschersees lag vor dem Bau der Staumauer (1929–1932) 30 m tiefer. Bereits seit 1926 führt das Gleis der Dreiseenbahn hier hinauf. Wie die

- **Karte:** D 5
- **Wann:** Wandern: Mai–Okt., Baden Juni–Sept.
- **Wie viel:** Seerundfahrt: 7,50 €, Kind 3,50 €, Teilstrecken ab 2 €; Schluchseelauf (inkl. Verpflegung): bei Frühanmeldung 15 €, erm. 8 €, sonst 17 €, erm. 9 €
- **Essen & Trinken:** Schwarzwälder Vesper im »Unterkrummenhof«, Tel. 0 76 56/ 15 00, Juli–Sept. tgl. 10–18 Uhr, sonst Mo Ruhetag, außer Fei, Mitte Nov.–26. Dez. geschl.
- **Web:** www.schluchsee.de, www.schluchseelauf.com, www.seerundfahrten.de

Straße verläuft es am Nordufer, während das südliche weitgehend naturbelassen blieb. Zum Baden, Windsurfen, Segeln, Tauchen oder Wandern ist der Schluchsee verlockender als der Titisee, da fast überall freier Uferzugang besteht.

Zwei Aussichtspunkte spenden weite Blicke. Der mit 35 m hohem Turm gespickte Riesenbühl (1097 m), lässt sich (2,5 km vom Waldstadion in Schluchsee, 145 m höher) in 45 Min. erreichen. Und der östlich von Aha (2 km, 200 m höher) gelegene Bildstein (1134 m) mit seiner felsigen Kuppe ist in kaum einer Stunde erklommen. Auf der Südseite des Sees liegt der Unterkrummenhof. Das schmucke Schwarzwälder Bauernhaus aus dem Jahr 1788 bietet die perfekte Einkehr für einen Spaziergang von Aha (hin und zurück: 7 km) oder beim Umwandern des Sees (gut 18 km).

Der kleine Dampfer St. Nikolaus (Anlegestellen: Schluchsee, Aha, Staumauer, Seebrugg) ermöglicht auch bequeme Teilstrecken. Richtig sportiv geht es Anfang Mai beim Schluchseelauf zu (18,4 km).

61 Albtal

Bernau, St. Blasien und flussabwärts: **Kurven, Kuppelkirche und Klippen**

Bei Geschwend zweigt vom Wiesental die L149 ab. Über Präg kurvt sie ins Hochtal der Bernauer Alb. Die einst von Gletschern geformte Landschaft wirkt alpin, bei Föhn wie den Schweizer Alpen benachbart. Bernaus verstreute Ortsteile (im 11. Jh. von sanktblasischen Mönchen urbar gemacht) sind auf Wintersport und Wandern geeicht.

Die Alb selbst entsteht aus den Quellen der Menzenschwander Alb (in 1347 m Höhe) südlich des Feldbergs, bzw. der Bernauer Alb, hier am Herzogenhorn, die sich 4 km vor St. Blasien treffen. Von seinen Ursprüngen bis zur Mündung im Hochrhein bei Albbruck nimmt sich das Flüsschen 1000 Höhenmeter auf 42 km, das letzte Drittel passiert eine abenteuerliche Schlucht.

Frühklassizismus in St. Blasien

200 m tiefer als Bernau liegt St. Blasien, dessen Benediktinerkloster (8./9. Jh.) den Ort zum geistigen und kulturellen Zentrum im Südschwarzwald machte. Wie abgeschieden das Städtchen (4000 Ew.) ist, zeigte die lange Existenz eines optimistisch gebauten Bahnhofs, in dem nie ein Zug hielt. Die in den 1920er-Jahren geplante Strecke vom Schluchsee zum Hochrhein via St. Blasien wurde nicht gebaut – und der Bahnhof 2003 abgerissen.

- **Karte:** D 5
- **Wo:** Südschwarzwald
- **Wann:** Besichtigung Dom St. Blasien (außer bei Gottesdiensten oder Konzerten): Winterzeit 8.30–17, Sommerzeit 8–18.30 Uhr
- **Wie viel:** Domführungen (bis 30 Pers.): 50 €; Anfragen über Katholisches Pfarramt (Tel. 07672/678)
- **Essen & Trinken:** etliche Lokale in Domplatznähe
- **Web:** www.bernauschwarzwald.de, www.dom-st-blasien.de, www.st-blasien.de, www.radonrevitalbad.de
- **Sonstiges:** Ästhetisch ansprechend in die Landschaft gebaut, ist das Radon Revital Bad in Menzenschwand. Der Bade- und Saunabereich wurde 2009 um ein Gradierwerk erweitert, dessen Salzgehalt Seeluft im Feldberggebiet bietet. In der Friedrichsruhe 13, Tel. 07675/929104; tgl. 10–21 Uhr, Eintritt 9 €, Kinder 5 €, ab 19 Uhr 6,50 €, Kinder 3,50 €

Dieses Schicksal blieb dem Dom erspart. Vielmehr entstand nach dem Brand des Vorgängerbaus die frühklassizistische Kuppelkirche (geweiht: 1783, Planung: Pierre Michel d'Ixnards). 1806 säkularisiert, wurden im Kloster u.a. Waffen gefertigt. In einer Garnfabrik brach 1874 erneut ein Feuer aus, erst 1913 war der Dom rekonstruiert.

1983 innen sehr hell renoviert, dient er mit weißem Gestühl auf weißgrauem Marmorboden auch als Konzertsaal. Die Raumwirkung einer der größten Kuppelkirchen Europas ist enorm: Das Rund misst 43 m, 20 korinthische Säulen streben 18 m hoch, darüber wölbt sich die doppelt so hohe Kuppel, die einst ein Bendikt-Fresko Johann Christian Wentzingers zierte, das 1911 Walter Georgi mit Maria Himmelfahrt ersetzte.

Die frühere Abtei ist seit 1934 Sitz des Kollegs St. Blasien. Das Gymnasium und Internat leiten Jesuiten, deren Widerstand zum Nationalsozialismus 1939 zur Schließung des Kollegs führte. 1946 wurde es wieder eröffnet. 2010 kamen priesterliche Fehlgriffe zutage, die nicht nur dessen Renommee erschütterten.

12 km südlich St. Blasiens führt die L 154, vorbei am Albstausee, zum Weiler Niedermühle. In der Würmeiszeit ragte bis hier der Albgletscher, mit 27 km längster des Schwarzwalds. Albabwärts verengt sich das Tal zur unbewohnbar engen Schlucht. Aberwitzig sind die 14 km nach Albbruck, die teils 100 m über dem Flussbett, vom Abgrund durch Bruchsteine gesichert, verlaufen.

62 Brauerei und Erlebnispfad in Rothaus

Rothaus, »Hüsli«, Naturpark: **Biergit**, Volkskunst und **Schlühüwana**

Zu den vielen Impulsen, die das Kloster St. Blasien dem Südschwarzwald gab, zählt seit dem Jahr 1791 die Brauerei Rothaus. Längst im Staatsbesitz, steigert sie seit Jahren auch außerhalb Baden-Württembergs den Absatz. Wie auf allen Rothaus-Etiketten ziert das »Tannenzäpfle« Biergit Kraft, ein blondes (nicht bollenbehutetes) Schwarzwaldmädel, das g'sund dreinblickt. Zwar hängen neben Biergits Konterfei Fichten- statt Tannenzapfen, das »Zäpfle« gilt dennoch als Kultbier.

Vor (oder erheitert nach) einer Brauereibesichtigung locken in der Nähe zwei gänzlich andere Aktivitäten. Neben dem aus der Schwarzwaldklinik weltbekannten »Hüsli«, in dem sich ein Heimatmuseum befindet, beginnt der »Schlühüwana« (Schlüchtsee-Hüsli-Wander-Naturpark), ein skurriler Erlebnispfad. Aus den Baumschäden des Orkans Lothar ließ die Försterei Waldschrate schnitzen, an denen der 2 km lange Weg zum Schlüchtsee (2,8 Hektar) samt Alpenblick vorbeiführt.

- **Karte:** D 5
- **Wo:** Grafenhausen-Rothaus, Südschwarzwald
- **Wann:** Brauereibesichtigung: Mo–Fr 10 und 15, Mi auch 18 Uhr; Voranmeldung: Tel. 0 77 48/ 5 22 96 00; Hüsli: Di–Sa 10–12, 13.30–17, So 13.30–17, Juli/Aug. 9.30–12, 13.30–17.30, So 13.30–17.30 Uhr, Nov.–25. Dez. geschl.
- **Wie viel:** Brauerbesichtigung mit Probe und Braueressen: 13,50 €; Hüsli: 1,60 €, Kinder 0,50 €
- **Essen & Trinken:** Brauereigasthof »Rothaus«
- **Web:** www.rothaus.de, www.rothauserland.de

Jahre
PILS
TANNEN
ZÄPFLE
2006

63 Tal und Schlucht der Schlücht

Unterwegs im **Rothauser Land**: Vom Felsentor bis zur **Museumsmühle**

Zwischen Seebrugg und Bonndorf zweigt in Rothaus gegenüber der Brauerei die L 157 zu einer sich nach Süden neigenden Hochfläche ab. Bei klarem Wetter markieren, ganz unverstellt, die Alpen den breiten Horizont. Glücklich muss sein, könnte man meinen, wer hier geboren ist.

Der ruhig gelegene Schlüchtsee (2,8 Hektar), auch auf dem Skulpturenpfad »Schlühüwana« (vgl. Tipp 62) erreichbar, lässt nicht erahnen, mit welcher Wildheit die Schlücht ihren Unterlauf als über 100 m tiefe Schlucht gestaltet. Kaum 29 km lang, bewältigt sie gut 660 Höhenmeter, bevor sie die Wutach bereichert und mit ihr bei Tiengen in den Rhein fließt.

Die Gemeinden Grafenhausen, Birkendorf und Ühlingen liegen terrassenartig auf dem Weg dorthin. Unterhalb Ühlingens, nach Einfluss der Mettma (die Schwarza gesellt sich bald dazu), imponiert das Schlüchttal gleich mit einem Felsentor. Ab hier werden die Wände senkrecht. Das ist ambitionierten Kletterern nicht entgangen, am Schwedenfelsen lauern gar Überhänge für ganz Waghalsige.

Integriert ist diese urtümliche Schluchtlandschaft in das komplexe Pumpspeichersystem der Schluchseewerke: Daher speist ein Teil der Schlücht durch eine Leitung die Witznautalsperre – also aberwitzigerweise ihren eigenen Zufluss, die Schwarza.

Badesee und Museumsmühle

Das Schlüchttal wieder hinauf ins lauschige Birkendorf (1973 zum schönsten deutschen Dorf gekürt), könnte man am Naturena Badesee hingegen zweifeln, ob es nicht doch noch Idyllen gibt. Ein Gedanke, der sich, zu Fuß 2 km die Schlücht zur Tannenmühle hoch, bei einer in den Teichen nebenan gezüchteten Forelle vertiefen lässt.

Zu besichtigen ist hier auch eine Museumsmühle mit sozusagen bewegter Geschichte: Bis 1832 drehte

Neben Restaurant, Tierpark und Museum bietet die Tannenmühle auch Gästezimmer.

- **Karte:** D 5
- **Wann:** Mühlenmuseum: tgl. 13–17.30 Uhr; Führung: Mi 14 Uhr
- **Wie viel:** : Badesee: kostenlos; Mühlenmuseum: 1,30 €
- **Essen & Trinken:** Forellen aus eigenen Teichen tischt die »Tannenmühle« auf: Tannenmühlenweg 5, Grafenhausen, Tel. 0 77 48/2 15, April–Sept. tgl., Okt.–März Di Ruhetag
- **Web:** www.rothauserland.de, www.uehlingen-birkendorf.de, www.tannenmuehle.de

der höher gelegene Röttenbach bei Mettenberg ihr Rad, dann wurde sie demontiert und an der Schlücht wieder aufgebaut. 1918 abgebrannt und 1922 neu errichtet, war sie noch bis in die 1950er-Jahre in Betrieb. Die heutige Mühle ist eine originalgetreue Rekonstruktion ihrer Vorgängerin. Innen mit Gerätschaften des 19. Jh. ausgestattet, lassen sich alle Produktionsprozesse verfolgen, die aus Getreide Mehl machen.

Kinder dürfte zudem das Tiergehege mit Streichelzoo erfreuen, in dem u.a. Ponys, Alpakas, chinesische Maskenschweine, Ziegen und allerlei Vögel leben. So viel ländliche Abgeschiedenheit verträgt auch einen Pfau, dessen Radschläge für ein wenig Eitelkeit sorgen.

Wutachschlucht und Sauschwänzlebahn

64

- **Karte:** E/F 5
- **Wann:** Wanderung Mai–Okt. (Dauer 4–5 Std., festes Schuhwerk nötig); Museumsbahn April–Okt., Sept. tgl., Fahrpläne siehe Website
- **Wie viel:** Bahnfahrt hin/zurück 20 €, Kinder (4–16 J.) 8,50 €, einfach 14,50/6 €, auch Gruppenrabatte, an Wochenenden teurer
- **Essen & Trinken:** An allen Bahnstationen, Kleinigkeiten auch im Zug
- **Web:** www.wutachschlucht.de, www.sauschwaenzlebahn.de
- **Sonstiges:** Bahnmuseum im einstigen Güterschuppen des Bahnhofs Zollhaus-Blumberg. Mai–Okt. je 1 Std. vor Zugabfahrt und nach Ankunft. Eintritt mit Fahrkarte frei.

Junge Schlucht mit **alten** Zügen

Die Wutachschlucht zwischen Südschwarzwald und Baar gab und gibt Geologen manche Rätsel auf. Wanderer erwartet eine wilde Landschaft, die keineswegs so alt ist, wie Laien vielleicht vermuten. An ein Phänomen grenzt, dass die kleine Wutach sich in – nach geologischen Maßstäben lächerlich kurzen – 70 000 Jahren derart tief (80 m) ins

Gelände einschneiden konnte. Zwei Kubikkilometer Stein trug sie in dieser Zeit ab.

Als Seebach entspringt die Wutach am Seebuck beim Feldberg. Sie stürzt in den Feldsee, plätschert durchs Bärental, speist den Titisee und fließt darauf als Gutach nach Neustadt. Hier knickt sie nach Südosten, schneidet sich immer tiefer ins Tal ein und heißt ab dem Zufluss der Hausach Wutach.

Fortan schlängelt sie sich von teils senkrechten Hängen gesäumt nach Blumberg, wo sie einst als »Feldbergdonau« noch dem Schwarzen Meer zufloss. In der Würmeiszeit änderte sich ihr Ziel. Seither beugt die Wutach ein Knie nach Südwesten und erreicht 30 km weiter bei Waldshut-Tiengen den 220 m tiefer gelegenen Rhein.

Reiseziel seit dem 19. Jh., trägt heute ein Ranger Sorge, dass sich in der Schlucht Tourismus und Natur vertragen. In ihrer reichen Flora finden sich Frauenschuh (eine Orchideenart), Thymian, Pest- und Haselwurz. Die Tierwelt vertreten unter anderem Wasseramsel, Milan, Auerhahn und Natter.

Eine ordentliche Tour durch die mittlere Schlucht führt von der Wutachmühle bei Ewattingen 13 km flussaufwärts, teils über Stege und Pfade, zur Schattenmühle. Vorbei am Seitental der Gauchachschlucht und einem Abschnitt, in dem die Wutach versickert, folgt auf halber Strecke die nicht bewirtete Schurhammerhütte. Einige Flusswindungen weiter liegt bei einem 45 m hohen Wasserfall das frühere Bad Boll: im 19. Jh. ein veritabler, inzwischen verfallener Kurort in der Schlucht.

Eine Meisterleistung der Ingenieurskunst ist die 1890 fertiggestellte »Sauschwänzlebahn«. Mit restaurierten Dampfloks und Waggons verkehrt sie zwischen Blumberg und Weizen. Den netten Namen trägt sie wegen vieler Kringel, die der Streckenverlauf beschreibt, darunter ein Kreistunnel von 1,7 km – in Europa zweitlängster seiner Art.

65 Rheinfall bei Schaffhausen

Einst nur ein **Hindernis**, zieht das **Naturspektakel** seit dem 19. Jh. Besucher an

In den Schweizer Alpen entsprungen, macht der Rhein noch in der Schweiz seinen größten Sprung. Genau genommen ist es ja ein Fall. Kein zweiter Fluss auf dem Kontinent fällt mit solcher Wucht, wie der Rhein bei Schaffhausen. Fährt man auf der L 163 über Jestetten zum Rheinfall, liegt auf einer Strecke von gut 20 km die Schweiz nicht nur, wie sonst, südlich deutschen Territoriums, sondern auch im Norden. Weit ausbauchend, zipfelt der Kanton Schaffhausen nördlich an den Breitengrad des Schluchsees. Den außergewöhnlichen Grenzverlauf musste Schaffhausen im Jahr 1944 als irrtümliches Ziel eines US-amerikani-

schen Bomberangriffs bitter erfahren. Die um 1000 gegründete Stadt mit ihrer mächtigen Festung, dem Munot (16. Jh.), profitierte lange vom Warentransport der Schiffe, die hier umluden. War der Rheinfall einst ein einkömmliches Hindernis, wurde er ab dem 19. Jh. zum touristischen Besuchermagneten. Auch dies nicht zum Nachteil Schaffhausens, obwohl der »Rhyfall«, wie er schwizerdütsch heißt, 2,5 km flussabwärts auf dem Gebiet der Nachbargemeinde Neuhausen liegt.

Geballte Wasserenergie

Gleichwie: Erst vor 15 000 Jahren in der Würmeiszeit entstanden, jagen im Sommer 600 000 l Wasser pro Sekunde über die 23 m hohe, 150 m breite Klippe. Die Gumpe, die ausgebuchtete Prallfläche, ist 13 m tief.
Schloss Laufen (16. Jh.), am Südufer auf einem Felsen über dem Fall gelegen, gehört dem Kanton Zürich. Heute befinden sich ein Lokal und eine Jugendherberge darin. Unterhalb führen Treppen zu Aussichtsplattformen, ganz dicht am herabdonnernden Strom.
Noch spektakulärer ist die Betrachtung des Falls aus seiner Mitte. Der größere der beiden Felsen darin lässt sich besteigen, wobei man sich bange wundern mag, dass der Stein dem Wasserdruck noch standhält. Schiffe bringen einen ans untere Ende des Felsens – eine unheimliche Anfahrt, direkt vor den wild tobenden Rhein.

- **Karte:** F5/6
- **Wann:** Munot: Okt.–April 9–17, Mai-Sept. 8–20 Uhr; Schiff zum Felsen im Rheinfall (ab Schlössli Wörth): Juni–Aug. 9.30–18.30, Mai und Sept. 10–18, April und Okt. 11–17 Uhr
- **Wie viel:** Munot: Eintritt frei; Schiff zum Felsen im Rheinfall: 8 CHF, erm. 4 CHF (kleine Rundfahrt: 6 CHF, erm. 3 CHF)
- **Essen & Trinken:** 200 m vom Fall entfernt liegt das »Schlössli Wörth« auf einer kleinen Insel. Errichtet im 12. Jh. als Zollhaus, war es später ein Benediktinerkloster und wurde im 19. Jh. ein Ausflugslokal. Fisch isst man hier mit spektakulärem Ausblick.
- **Web:** www.rheinfall.ch, www.schloessliwoerth.ch, www.stadtschaffhausen.ch, www.munot.ch

Gut zu wissen

In Freiburg wird der Sommer vergnügt verabschiedet: Elf Oktobertage dauert die alljährliche Herbstmess.

Veranstaltungskalender

Januar

Basler Museumsnacht

Sämtliche Basler Museen sind an diesem Tag bis 2 Uhr geöffnet.
2. Monatshälfte;
www.museumsnacht.ch

Februar

Hoorige Mess

Grimmiges Treiben der alemannischen Fasnet in Tiengen. Eine der größten Straßenfasnachts-Veranstaltungen am Hochrhein.
Samstags, Innenstadt. (Feb. oder März), 2014: 1. März, 2015: 14.Feb.;
www.tiengen.de

Schuttig

Die Fasnet in Elzach (Elztal) gehört zum urigsten Brauchtum des Schwarzwalds, bizarre Maskerade, zerplatzende »Soublodere« (aufgeblasene Schweinsblasen) und ähnlicher Alemannen-Voodoo inklusive.
Feb. oder März, Höhepunkt »Fasnetsunndig«: 2014: 2. März, 2015: 15. Feb.; www.schuttig.com

März

Morgestraich

Dreitägiger Ausnahmezustand am Rheinknie bei der Basler Fasnacht: alljährlich montags nach Aschermittwoch, beginnend mit dem »Morgestraich« um 4 Uhr.
2014: 10. März, 2015: 22. Feb.;
www.fasnacht.ch

Internationaler Kaiserstuhllauf

Im wärmsten Gebiet der Region lassen sich im Vorfrühling schon mal ein paar Kilometer unter die Laufsohlen nehmen. Die Strecke mit Start und Ziel in Ihringen bietet viel Panorama, ist aber nicht ohne: 17,6 km, 400 Höhenmeter.
In der ersten Monatshälfte;
www.tv-ihringen.de

Flohmarkt am Alten Wiehrebahnhof in Freiburg

Von Frühjahr bis Herbst auf lauschigem Areal, einmal im Monat wuseliges Gesuche nach all dem Zeug, das man noch nie, bzw. schon immer vermisst hat ...
ca. Monatsmitte, jeweils März–Sept.;
www.wiehre-online.de

Freiburg Marathon

Kreuz und quer durch die Stadt: im Kalender ambitionierter Jogger bzw. Joggerinnen frühester deutscher Wettbewerb in der Königsdisziplin der Langstreckenläufe; für die, die das Laufjahr softer angehen wollen,

es gibt auch einen Halbmarathon.
Ende März / Anf. April, 2014: 6. April, www.marathon-freiburg.com

April

BScene

Abtanzen am Rheinknie: Seit 1996 findet in Basel dieses Clubfestival (als größtes der Schweiz) statt. Verteilt auf mehrere Locations, zelebrieren zahlreiche Bands und DJs ihre Sounds vor großem Publikum.
Mitte März, 2014: 15./16. März; www.bscene.ch

Genusslauf in und um Müllheim (Markgräflerland)

Sportiv-relaxtes Laufen mit kulinarischen Einlagen – u. a. Degustationslauf (Weinprobe!), Viertel(e)- und Halbmarathondistanz.
letztes Aprilwochenende; www.genusslaeufer.de

Jazzfestival Basel

Für Freunde improvisierter Musik: Im Stadtcasino, im Badischen Bahnhof und anderenorts findet dieses Festival mit teils international bekannten Künstlern statt.
Ende April–Anfang Mai; www.jazzfestivalbasel.ch
www.offbeat-concert.ch

Mai

Kandel-Berglauf

Knallhart bergauf geht es bei dieser jedes Jahr stattfindenden Laufveran-

Der Schuttig in Elzach geht nicht zimperlich zu Werke.

staltung: vom Waldkircher Marktplatz auf den Kandelpass – oder, in Zahlen formuliert: 12,2 km und 940 Höhenmeter.
Monatsanfang;
www.kandelberglauf.de

Schluchseelauf

In knapp 1000 m Höhe auf herrlicher Strecke (18,4 km) einmal um den Schluchsee herum; tags zuvor etwas gemütlicher für Nordic Walker; ganz wichtig: Sonnencreme nicht vergessen ...
Erste Maihälfte;
www.schluchseelauf.de

Opfinger Spargel- und Weinfest

Mitten in den Tuniberger Spargelfeldern wird dem leckeren Gemüse (samt Begleitweinen, versteht sich) aufs Üppigste gehuldigt.
Meist Monatsmitte, 2013: 12. Mai;
www.opfingen.info

Juni

Art Basel

Alljährlich (seit dem Jahr 1970), von abstrakt bis konkret: die bedeutendste Kunstmesse der Welt in der Rundhofhalle.
Monatsmitte; 2013: 13.–16. Juni;
www.artbasel.com

Sich selbst und andere in tausend Perspektiven sehen – das kann man auf der Art Basel lernen. Sie gilt als »Olympiade der Kunstwelt«.

Hausacher Leselenz

Literaturfest im beschaulichen Kinzigtal mit Bezügen nicht nur zum Schwarzwald. In Gaststätten, Handwerksbetrieben oder Gewächshäusern lesen Autoren aus der Regio ebenso wie bekannte Namen von weiter her (u.a. Colum McCann, Ilja Trojanow) aus ihren Werken.
Monatsmitte, 2013: 17.–24. Juni;
www.leselenz.de

Münstersommer Freiburg

Konzerte, Theateraufführungen, Lesungen, teils in lauschigen Innenhöfen der Altstadt, zudem eine Museumsnacht.
Mitte Juni–Ende Sept.;
www.muenstersommer.breisach.de

Festspiele Breisach

Seit 1924 werden sommers auf der Freilichtbühne des Schlossberges mit Hingabe zwei Stücke gegeben, eines davon für Kinder.
Juni–Sept., 2013: 8. Juni–8. Sept.;
www.festpiele-breisach.de

Zelt-Musik-Festival

Seit 1983 gibt es das Kulturereignis schon. Zwei Wochen Rock, Jazz, Klassik, Kabarett am Freiburger Mundenhof.
Ende Juni–Mitte Juli,
2013: 26. Juni–14. Juli,
www.zmf.de

Juli

Freiburger Weinfest

Großes »Gesürpfele« rund ums Münster und im Innenhof des Historischen Kaufhauses.
Erste Monatshälfte, 2013: 4.–9. Juli;
www.freiburger-weinfest.de

Filmfest Freiburg

Internationale Filmpremieren und deutsche Produktionen; draußen im Mensagarten oder drinnen im Friedrichsbau oder der Harmonie.
Erste Monatshälfte;
www.filmfest-freiburg.de

Stimmen

Renommiertes Musikfestival, open-air auf dem Lörracher Marktplatz, mit Schwerpunkt Gesang.
2013: 4.–28. Juli;
www.stimmen.com

Theater Augusta Raurica

Dem Kulturspagat aus Jazz, Oper, Theater und Film gibt das römische Amphitheater im schweizerischen Augst am Hochrhein einen sehr reizvollen Rahmen.
Juli–Sept.;
www.theateraugustaraurica.ch

Fête sorcière (Hexenfest in Rouffach)

Im elsässischen Winzerort Rouffach mit seinem (heute vom Storch be-

wohnten) Hexenturm findet sommers ein Mittelalterfest mit viel Begleitprogramm statt. Nachmittags ein großer Umzug, geht es nachts auf dem »Weg des Sonderbaren« (Sentiere de l'étrange) schaurig zu.
Monatsmitte; 2013: 20. Juli;
www.fete-sorciere.com

Markgräfler Weinfest

Degustation bester alchemiefreier Tropfen der Region im Fauststädtchen Staufen.
Ende Juli / Anfang Aug.;
2013: 2.–5. Aug.;
www.staufen-im-breisgau.de

Tiengener Sommer

Open-air-Jazz vieler Stilrichtungen auf mehreren Bühnen in Tiengens Altstadt, Eintritt frei.
Ende Juli, 2013: 19./20. Juli;
www.tiengen.de

Sommernachtskino

Open-Air-Lichtspiele im Innenhof des Freiburger Schwarzen Klosters, tgl. anderer Film.
Juli–Anfang Sept.;
www.sommernachts-kino.de

Fête du Gewurztraminer

Weinfest im mittelalterlich geprägten Winzerort; wer nach dem feinen Gewürztraminer abends zuvor sonntagmorgens (schon wieder) fit ist, durchstöbert den Flohmarkt.
Ende Juli / Anfang Aug.,
2013: 27./28. Juli;
www.ribeauville-riquewihr.com

August

Weinmesse Colmar (Elsass)

Eine genussvolle Leistungsschau der elsässischen Winzerkünste mit Silvaner, Pinot blanc, Riesling, Muscat d'Alsace, Gewürztraminer & Co.
Monatsmitte, 2013: 9.-18. Aug.;
www.foire-colmar.com

S'wielada (Zellenberg, Elsass)

Weinfest im kleinen, engen Weinort auf einem winzigen Vorhügel der Vogesen, nahe Riquewihr. Im Begleitprogramm kann man sich u.a. fachkundig in alte Handwerkskünste einführen lassen.
Monatsmitte;
www.ribeauville-riquewihr.com

September

Pfifferdaj

Folklorefest in Ribeauvillé (Elsass): Am »Pfeifertag« trifft sich fahrendes Volk. Das bedeutet: Straßenmusikanten spielen auf, um zwecks ihres Pfeiferrechts dem Stadtherrn zu huldigen. An Weinständen herrscht natürlich kein Mangel.
Meist Anfang Sept.,
2013: 31. Aug. / 1. Sept.;
www.ribeauville-riquewihr.com

Burkheimer Weintage

Alle zwei Jahre: buntes, süffiges Treiben beim Weinfest im properen Klein(st)städtchen am Kaiserstuhl.
Erstes Sept.-Wochenende, nächster Termin 2014: 5.–8. Sept.;
www.weinfest-burkheim.de

Oktober

Lirum Larum Lesefest

Im Freiburger Stadttheater lesen Kinderbuchautoren vor ihrem jungen Publikum. Außerdem: Theateraufführungen, Workshops, Filme.
Erste Monatshälfte,
2013: 6.–11. Okt.;
www.freiburg.de/lesefest

Donaueschinger Musiktage

Freunde ungewöhnlicher Klangwelten strömen aus aller Welt zu diesem traditionsreichen Festival der Neuen Musik. Seit 1921 gehört es zu den bedeutendsten seiner Art. 2012 kamen etwa 10 000 Besucher.
Monatsmitte, 2013: 18.–20. Okt.;
www.swr.de/swr2/donaueschingen

November

Plaza Culinaria in Freiburg

Ein Wochenende ganz nach dem Geschmack von Gaumen und Zunge. Zu verköstigen gibt es Delikatessen zahlreicher Anbieter von nah und fern, unterdessen sich Spitzenköche in die Töpfe schauen lassen.
1. oder 2. Nov.-Wochenende,
2013: 8.–10. Nov.;
www.plaza-culinaria.de

Freiburger Literaturgespräch

Prosaische und lyrische Lesungen renommierter Autoren (und anschließende Diskussionen mit ihnen) im Ratssaal des Rathauses.
Erste Monatshälfte;
www.freiburg.de

Literaturtage Todtnauberg

Herbstliche Lesezeit mit Autoren von nah und fern im Dunstkreis der Heideggerschen Hütte.
Ende des Monats, 2010:
26.–28. Nov.; www.literaturtage-todtnauberg.de

Dezember

Weihnachtsmärkte

Rappelvolle Enge allenthalben, aber wer's mag: Rathausplatz in Freiburg, Barfüsserplatz in Basel und rund ums Straßburger Münster.
www.weihnachtsmarktfreiburg.de;
www.baslerweihnacht.ch;
www.noel.tourisme-alsace.com

Circolo

Artistik und Humor in der alljährlichen Manege zwischen den Jahren: Freiburger Weihnachtszirkus an der Neuen Messe.
www.circolo.freiburg.de

Praktisches und Wissenswertes

Allgemeines

Lage, Fläche, Einwohner

Weit gefasst, bildet die Region um Freiburg ein Dreiländereck, in dem Deutschland an Frankreich und die Schweiz grenzt. Dabei markiert der südliche Oberrhein die deutsch-französische Grenze vollständig und der Hochrhein die zur Schweiz größtenteils. Ausnahmen machen dort der Kanton Schaffhausen, der weitgehend nördlich des Rheins liegt, und Teile des Kantons Basel-Stadt, die bis an Lörrach reichen.

Südbaden

Die in diesem Band auf deutscher Seite erwähnten Orte und Gebiete liegen in Südbaden, ganz im Südwesten Baden-Württembergs bzw. der Bundesrepublik. Südbaden deckt sich weitgehend mit dem Regierungsbezirk Freiburg, der ungefähr ein Dreieck zwischen Offenburg im Norden, Lörrach im Südwesten und Konstanz im Südosten bildet. Auf einer Fläche von 9347 qkm wohnen hier ca. 2,2 Mio. Menschen. Größte Stadt ist Freiburg mit derzeit etwa 230 000 Einwohnern (Quelle: Statistisches Landesamt), von denen etwa 30 000 Studenten der örtlichen Hochschulen sind. Offenburg hat rund 59 000 Einwohner, Lörrach ca. 49 000.

Südbaden grenzt mit dem Rhein im Westen an Frankreich, der im Süden auch (bis auf einige Gebiete nördlich seiner Ufer, so bei Lörrach und Schaffhausen) die Grenze zur Schweiz bildet. Aus der kaum 200 m hohen Rheinebene ragen auf Höhe Freiburgs die fruchtbaren Kleingebirge Kaiserstuhl (bis 557 m) und Tuniberg (bis 314 m). Den Großteil der südbadischen Fläche macht der Schwarzwald aus, der südlich des Kandel (1241 m) vom Mittleren in den Hoch- bzw. Südschwarzwald übergeht, wo der Feldberg mit 1493 m den höchsten deutschen Gipfel außerhalb der Alpen aufweist.

Elsass

Die östlichste Region Frankreichs ist in die zwei Départements Nieder- und Hochrhein gegliedert (Bas-Rhin, bzw. Haut-Rhin). Das Elsass liegt zwischen dem Rhein im Osten, als Grenze zu Baden-Württemberg, und dem Vogesenkamm im Westen (höchster Gipfel: Grand Ballon mit 1424 m), grenzt im Norden an Rheinland-Pfalz und erstreckt sich nach Süden bis zur Schweiz bei Basel. Auf den 8280 qkm des Elsass leben über 1,8 Mio. Menschen. Elsässische Hauptstadt ist Straßburg (ca. 272 000 Ew.), das u.a. auch Sitz des Europaparlaments ist. Nächst größere Städte sind Mulhouse (110 000 Ew.) und Colmar (ca. 68 000 Ew.).

Schweiz

In der Schweiz grenzen fünf Kantone an das Gebiet dieses Bandes: Basel-Stadt (37 qkm, ca. 194 000 Ew.), Basel-Landschaft (518 qkm, etwa 278 000 Ew.), Aargau (1404 qkm, rund 621 000 Ew.), Zürich (1729 qkm, ca. 1,39 Mio. Ew.) und Schaffhausen (298 qkm, etwa 77 000 Ew.). Höchster Punkt des nordöstlichen Jura auf Schweizer Seite ist der Randen (912 m) im Kanton Schaffhausen.

Auskunft

Tourist Information Freiburg

Rathausplatz 2–4;
Tel. 07 61 / 3 88 18 80;
www.freiburg.de;
www.fwtm.freiburg.de

Auskünfte über das Gebiet rund um Feldberg und Schluchsee gibt es bei Hochschwarzwald Tourismus und Naturpark Südschwarzwald e.V.:

Hochschwarzwald Tourismus

Freiburger Str. 1, Hinterzarten;
Tel. 0 76 52 / 1 20 60;
www.hochschwarzwald.de

Naturpark Südschwarzwald e.V.

Haus der Natur, Dr.-Pilet-Spur 4, Feldberg; Tel. 0 76 76 / 93 36 10;
www.naturpark-suedschwarzwald.de

Basel Tourismus

Informationen zu Veranstaltungen und Unterkünften in Basel.
Stadt-Casino am Barfüsserplatz; Tel. +41 / 61 / 2 68 68 68; www.basel.com

Internet

www.schwarzwaldverein.de

Auf dieser Internetseite sind zahlreiche Wandertipps für den Schwarzwald aufgeführt.

www.breisgau-schwarzwald.de

Hinweise und Tipps u. a. für Radtouren und Golfen, aber auch für Genießer, z. B. in Sachen Käse, Wein und Wellness.

www.wildsport-tours.de

Auskunft zu Kanutouren in Südbaden und im Elsass.

www.schwarzwald-tourismus.info

Zahlreiche Tipps für Aktivitäten jeder Art (Kanu, Ski, Mountenbike, Radtouren, etc.).

www.tourisme-alsace.com

Auskünfte (meist auch auf deutsch) für Ausflüge ins Elsass.

Notrufe

Notarzt: 112
Polizei in Deutschland: 110
Polizei in der Schweiz: 117

Übernachten

Hotel am Stadtgarten

Eines der jüngsten Freiburger Hotels: Altstadtnah und mit Zimmern in schickem, doch unaufdringlichem Design. Recht preiswert ist das dazugehörende Gästehaus gleich daneben.

Freiburg, Karlstraße 12, Tel. 07 61 / 2 82 90 02; DZ im Gästehaus ab 69 €, DZ im Designhotel ab 109 €, www.hotelamstadtgarten.de

Hotel Victoria

Am Rand der Altstadt (2 Min. vom Hbf., 7 Min. zum Münsterplatz): geschmackvoll eingerichtete Zimmer in dezenten Pastelltönen. Nicht nur Rauchern gefällt die schicke Smoker Lounge im alten Gewölbekeller.

Freiburg, Eisenbahnstraße 54, Tel. 07 61 / 20 73 40, DZ ab ca. 120 €, www.hotel-victoria.de

Zum Raben

Prima gelegen und den Schauinsland aus Halbhöhenperspektive im Blick: Tip-top renoviertes Gebäude von 1604 mit kleinem Hotel (6 DZ). Ambitioniert regionale Gerichte werden in der Rabenstube, auf der Terrasse und im alten Biergarten serviert.

Horben, Im Dorf 24, Tel. 07 61 / 55 65 20 , DZ ab 75 €, www.raben-horben.de

Landgasthof Rebstock

Im Markgräflerland liegt mitten in Sulzburg dieses nette, kleine und familiär betriebene Hotel (fünf DZ). Ambitionierte regionale Gerichte werden im gemütlichen Restaurant aufgetischt.

Sulzburg, Hauptstraße 77, Tel. 0 76 34 / 50 31 40; DZ inkl. Frühstück 72 €, Hunde erlaubt (8 €/ Tag), www.rebstock-in-sulzburg.de

Hotel de la Couronne

Das Gebäude stammt aus dem 16. Jh. Zimmer mit freiliegenden Balken und teils gewagten Farben, dafür aber mitten in der bildhübschen Altstadt von Riquewihr. Was schon, das Auto stehen gelassen, sehr praktisch ist nach einem kulinarisch-weinseligen Abend ...

Riquewihr (Elsass), 5, rue de la Couronne, Tel. +33 / 389 / 49 03 03, DZ ab 59 €, www.hoteldela couronne.com

Hotel Merian

Direkt an der Mittleren Brücke: modern eingerichtete Zimmer und, sofern auf der Rheinseite, mit grandiosem Blick auf Großbasel samt Münster.

Basel, Rheingasse 2, Tel. +41 / 61 / 6 85 11 11 , DZ mit Rheinblick ab 260 CHF (ca. 210 €), www.hotel-merian.ch

Quickfinder – alle Tipps auf einen Blick

Der Südwesten

01 **Das Freiburger Münster und sein Turm**	•			
02 **Dramatische Rundgänge in Freiburg**	•		•	
03 **Wallgrabentheater** (Freiburg)	•			
04 **Zinnfigurenklause im Schwabentor** (Freiburg)	•	•		
05 **Theater im Marienbad** (Freiburg)	•	•		
06 **Workshops im Galli-Theater** (Freiburg)	•			
07 **Planetarium** (Freiburg)	•			
08 **Wanderung über den Schlossberg** (Freiburg)	•	•	•	
09 **Inlineskaten** (Freiburg/Dreisamtal)	•		•	•
10 **Wanderung durch den Sternwald** (Freiburg)	•		•	
11 **Tiergehege Mundenhof** (Freiburg)				
12 **Radtour durch den südlichen Tuniberg**	•			•
13 **Wanderung durch den Tuniberg**	•		•	
14 **Breisach**		•		
15 **Festungsstadt Neuf-Brisach**	•	•		
16 **Segelfliegen** (Kirchzarten)	•			
17 **Schauinsland** (Freiburg)	•	•		
18 **Steinwasenpark** (Oberried)	•		•	
19 **Fallschirm-Tandem** (Bremgarten)	•			
20 **Radtour durchs Markgräflerland**	•			•
21 **Loipentouren satt** (Notschrei)	•			
22 **Sulzburg**	•			
23 **Original Schwarzwald**			•	
24 **Bienenkundemuseum** (Münstertal)	•	•		
25 **Teufelsgrund** (Münstertal)		•		
26 **Wasserfall und Philosophenweg** (Todtnauberg)	•		•	
27 **Markgräfler Museum und Thermalbad** (Müllheim und Badenweiler)	•	•		

		•					•	•		
		•	•							•
			•					•		
		•			•			•		
			•		•			•	•	
			•		•			•		•
		•			•			•		
		•			•					
					•	•				
					•					
	•				•				•	•
•		•		•	•	•				
					•					•
		•					•	•		•
		•			•			•		•
						•				
					•			•		
	•				•					
						•				
•					•					
					•	•				
		•		•				•		•
			•		•	•	•			
					•			•		•
					•			•		
		•	•	•						
		•		•	•			•	•	•

Der Südwesten	**28 Romanik am Oberrhein** (Markgräflerland und Elsass)	●	●	●	
	29 Cité de l'Automobile (Mulhouse)	●			
	30 Écomusée (Ungersheim)	●	●		
	31 Reiterhof (Bamlach)				
	32 Dreiländermuseum (Lörrach)	●	●		
	33 Vitra Design Museum (Weil am Rhein)		●		
	34 Tinguely-Museum (Basel)		●		
	35 Zoologischer Garten (Basel)	●			
	36 Basler Papiermühle	●	●		
	37 Cartoonmuseum (Basel)		●		
	38 Auf dem Hochrhein (Basel)	●			
	39 In der Römerstadt Augusta Raurica (Augst/Kaiseraugst)	●	●		
Der Nordwesten	**40 Château du Haut-Kœnigsbourg** (Elsass)	●	●		
	41 Stadtbummel und Museen (Straßburg)	●	●	●	
	42 Europapark Rust	●	●	●	
	43 Radtour am (und durch den) Kaiserstuhl (Riegel)	●	●		●
	44 Auf der Alten Elz (Riegel)	●			
	45 Wasserski (Tunisee)	●			
	46 Radtour durchs Emmendinger Hinterland	●	●		●
	47 Colmar		●		
	48 Burkheim	●	●		
	49 Wanderung auf dem Geopfad bei Eichstetten	●		●	
Der Nordosten	**50 Freilichtmuseum Vogtsbauernhof** (Gutach)	●	●		
	51 Baumkronenweg und Elztalmuseum (Waldkirch)	●	●	●	
	52 Radtour zum Kandel (ab Freiburg)	●			●
	53 Tandemflug (auf dem Kandel)				
Der Süd-osten	**54 Kloster St. Peter**	●		●	
	55 Skimuseum (Hinterzarten)	●	●		
	56 Action Forest (Titisee-Neustadt)				
	57 Auf Nebenwegen zum Feldberg	●		●	

					•					•
		•						•	•	•
					•			•	•	•
	•				•	•				
		•						•	•	•
							•	•	•	•
					•			•	•	•
	•				•				•	•
					•			•		•
					•			•		•
		•			•					•
		•			•			•	•	•
					•			•		•
		•			•		•	•		
					•					
					•					
				•	•	•				
				•	•	•				
•		•			•					
		•					•	•	•	•
		•		•	•	•			•	•
					•					
					•				•	•
					•					
•					•	•				
						•				
		•								•
						•				•
					•	•				
					•					

Der Südosten	58 Wintersport auf dem Feldberg	•			
	59 Von Hinterzarten auf den Feldberg	•		•	
	60 Baden und wandern am Schluchsee	•		•	
	61 Albtal (Bernau und St. Blasien)	•			
	62 Brauerei und Erlebnispfad in Rothaus	•	•	•	
	63 Tal und Schlucht der Schlücht (Rothauser Land)	•	•	•	
	64 Wutachschlucht und Sauschwänzlebahn	•		•	
	65 Rheinfall bei Schaffhausen	•		•	

Lesetipps zur Region Freiburg

Die Hexe von Freiburg

Eine Art weiblicher Bildungsroman mit tragischem Ausgang. Er erzählt die Geschichte der (historisch belegten) Catharina Stadellmenin, die als durchaus selbstbewusste Frau dem Irrsinn der Hexenverfolgung zum Opfer fällt und 1599 in Freiburg auf dem Scheiterhaufen endet.

Astrid Fritz; Roman, 448 S., erstm. erschienen: 2003, rororo 2009, 8,95 €

Einsam, Zweisam, Dreisam

Zeitreise ins Jahrzehnt vor Handy und Internet: Im Freiburg der 80er-Jahre waren Beziehungskisten irgendwie auch nicht einfacher als heute, nur vielleicht introvertierter und etwas politischer. Bayers »beinahe himmlische Liebesgeschichte« im WG-Milieu gilt links und rechts der Dreisam als Klassiker.

Thommie Bayer; Roman, 248 S., erstm. erschienen 1987, Piper Verlag 2007 (gedruckt derzeit nur aus Restposten erhältlich und ab 2013 als E-Book)

Mord im Zeichen des Zen

Zwar führt Freiburg die baden-württembergische Kriminalstatistik an. Ganz so heftig wie in den Krimis von Oliver Bottini geht's im und um

					•	•				
					•					
				•	•	•				
		•					•	•		•
					•					
	•				•					
					•					
				•	•					

das Bobbelestädtchen aber doch nicht zu. Erster einer Reihe von Romanen um die alkoholkranke Kommissarin Louise Boni.
Oliver Bottini; Roman, 384 S., Fischer Taschenbuch Verlag 2005, 8,95 €

Freiburg und die Regio

Gut recherchiert, mit mannigfachen Informationen und Hinweisen. Sehr lesbar und mit subjektiven Meinungen gewürzt, zählt dieser klassische Reiseführer bereits seit Jahren zu den besten Publikationen über Freiburg. Die Neuausgabe wurde wesentlich erweitert.
Peter Untucht; 288 S., Dumont Reiseverlag 2013, 16,99 €

Gebrauchsanweisung für Freiburg und den Schwarzwald

Hier schreibt der in Berlin lebende gebürtige Schwarzwälder Jens Schäfer über zahlreiche Besonderheiten, die der Südwesten mit Bollenhut, Bobbele und Bibiliskäs so aufweist. So erzählt er von Kunst am Pferd und Kirschwasser in Wasserzerstäubern, von schönen Schwarzwaldmädchen und gefährlichen Hexensprüngen.
Jens Schäfer; 220 S., Piper Verlag 2009, 14,95 €

... zu guter Letzt

Günstig reinkommen

SchwarzwaldCard

Mit dem Kauf wird an drei frei wählbaren Tagen im Jahr freier Zugang zu 125 Attraktionen im Raum Schwarzwald gewährt. So etwa die Benutzung aller Skilifte des Feldbergs an einem Tag oder eine Entdeckungstour in und um Freiburg, inkl. Stadtführung und Schauinslandbahn. Mit Aufpreis lässt sich die Karte um einen Tag Europapark erweitern.

Preise (2012/13): Kinder ab 12 und Erwachsene: 32 €, Kinder 4–11 J.: 21 €, Familien (2 Erw., 3 Kinder bis 17 J.): 99 €; mit Europark: 59 €, 49,50 €, bzw. 204 €. Für Kinder bis 3 J. kostenlos.

www.schwarzwald-tourismus.info

Hochschwarzwald Card

Im Dezember 2010 neu eingeführte Eintrittskarte, die kostenlos an die Gäste von ca. 200 Übernachtungsbetrieben im Hochschwarzwald ausgegeben wird. Damit ist Urlaubern (zur Senkung ihrer Nebenkosten) die freie Nutzung zahlreicher Freizeitangebote möglich, wie die Skilifte am Feldberg, Schiffsfahrten auf Titi- und Schluchsee oder E-Smarts.

www.hochschwarzwald.de

Oberrheinischer Museumspass

Kunst- und Kulturinteressierten ermöglicht dieser Pass ein Jahr lang den freien Zugang zu rund 250 Museen in Südbaden, der Nordschweiz, im Elsass und weiter. Unter den angeschlossenen Häusern finden sich erstklassige Adressen wie Fondation Beyeler, Kunstmuseum und Museum Tinguely in Basel.

Preise: 1 Erwachsener und 5 Kinder unter 18 J.: 79 €, 2 Erwachsene und je 5 Kinder unter 18 J.. 144 €, Kurzzeitpass (48 Std. gültig): 26 €

www.museumspass.com

Günstig rumkommen

Regio-Ticket der Deutschen Bahn

Wer sich sorgenfrei einen Tag durchs »Ländle« (und sogar ein wenig darüber hinaus) bewegen will, nutzt am besten das Baden-Württemberg-Ticket der Deutschen Bahn. Gültig ist es an Werktagen ab 9 Uhr, an Wochenenden und Feiertagen bereits ab 0 Uhr bis jeweils 3 Uhr des Folgetags. Praktisch: Das Ticket ist auch für Bahnfahrten nach Basel und Schaffhausen gültig.

Preis: 1 Person 22 Euro, jede weitere Person (max. 4) je 4 Euro

www.bahn.de

Regionale Routen

Wege mit Geschichten

Durch Südbaden verlaufen zahlreiche Ferienstraßen und Fernwanderwege. Hier eine kleine Auswahl:

Badische Weinstraße
www.deutsche-weinstrassen.de

Badische Spargelstraße
www.badische-spargelstrasse.de

Deutsche Uhrenstraße
www.deutsche-uhrenstrasse.de

Schwarzwald-Querweg von Freiburg bis zum Bodensee und vom Schwarzwald über den Kaiserstuhl zum Rhein
www.schwarzwaldverein.de;
www.fernwege.de

Donauradweg: oberster Abschnitt von Donaueschingen über Tuttlingen nach Beuron
www.donau-radweg.info

Bestens informiert

Zeitungen der Region

Das in Freiburg ansässige, dort und im gesamten Breisgau führende Blatt mit nahezu Monopolstellung ist die »Badische Zeitung« (Auflage 144 000 Expl.). Der Mittwochsausgabe liegt der Kulturkalender »Ticket« bei.
www.badische-zeitung.de

In den eher ländlichen Gebieten von Schwarzwald bis Oberrhein und Hochrhein wird vorwiegend der »Schwarzwälder Bote« (Sitz ist in Oberndorf am Neckar, Auflage: ca. 122 500 Expl.) gelesen, dessen Mantelteil unter anderem auch der »Lahrer Bote« und »Die Oberbadische« (Lörrach) übernehmen.
www.schwarzwaelder-bote.de

Die einst liberale »Basler Zeitung« verlor nach Übernahme (2010) durch den Zürcher SVP-Politiker Christoph Blocher u. a. massiv an Leserschaft (Auflage Ende 2012: 68 000 Expl.). Vormalige Redakteure der BaZ gründeten 2011 die »Tageswoche« (einmal wöchentlich gedruckt, sonst online), die sich steigender Beliebtheit erfreut.
www.tageswoche.ch

Meistgelesen im Elsass sind die in Straßburg erscheinenden »Dernieres Nouvelles d'Alsace« (ca. 180 000 Expl.), deren deutschsprachige Ausgabe im März 2012 eingestellt werden musste.
www.dna.fr

Impressum

Liebe Leserinnen und Leser,
vielen Dank, dass Sie sich für einen Titel aus unserer Reihe MERIAN *aktiv* entschieden haben. Wir freuen uns, Ihre Meinung zu diesem Reiseführer zu erfahren. Bitte schreiben Sie uns an **merian-aktiv@travel-house-media.de**, wenn Sie Berichtigungen und Ergänzungen haben – und natürlich auch, wenn Ihnen etwas ganz besonders gefällt.
Alle Angaben in diesem Reiseführer sind gewissenhaft geprüft. Preise, Öffnungszeiten usw. können sich aber schnell ändern. Für eventuelle Fehler übernimmt der Verlag keine Haftung.

Postfach 86 03 66, 81630 München
www.merian.de
MERIAN ist eine eingetragene Marke der GANSKE VERLAGSGRUPPE.

BEI INTERESSE AN MASSGESCHNEIDERTEN MERIAN-PRODUKTEN:
Tel. 0 89/4 50 00 99 12
veronica.reisenegger@travel-house-media.de

BEI INTERESSE AN ANZEIGEN:
KV Kommunalverlag GmbH & Co KG
Tel. 0 89/9 28 09 60
info@kommunal-verlag.de

PROGRAMMLEITUNG Dr. Stefan Rieß
PROJEKTLEITUNG Birgit Chlupacek
REDAKTION/LEKTORAT Simon Pause
BILDREDAKTION Jürgen Schröder
SCHLUSSREDAKTION Dr. Anita Meschendörfer
SATZ/LAYOUT Eva Stadler
REIHENGESTALTUNG Eva Stadler
KARTEN Gecko-Publishing GmbH für MERIAN-Kartographie
DRUCK UND BUCHBINDERISCHE VERARBEITUNG Stürtz Mediendienstleistungen, Würzburg

Wir danken Andrea Rau für ihre wertvollen Hinweise.

1. Auflage

TRAVEL HOUSE MEDIA

Ein Unternehmen der
GANSKE VERLAGSGRUPPE

PEFC
PEFC/04-31-1404

BILDNACHWEIS
Cover: mauritius images/Alamy; 2–3 Erich Spiegelhalter/STG; 6–7 digitalstock/M. Mantke; 8 dpa Picture-Alliance/Rolf Haid; 9re Bildagentur Huber/R. Schmid; 11 Bildagentur Huber/von Dachsberg; 12–13 Erich Spiegelhalter/STG; 14 Raach/laif; 21 dpa Picture-Alliance/Rolf Haid; 23 imago/imagebroker; 24 Grebler, M./Arco Images; 28–29 Tourismus Marketing Baden-Württemberg; 31 Breisach Tourismus; 32 Studio A Neuf-Brisach; 34 Caro/Schnitzler; 37 Juergen Stumpe/LOOK-foto; 38–39 Raach/laif; 41 Bildagentur Huber/R. Schmid; 43 Original Schwarzwald; 44 imago/biky; 46 Caro/Muhs; 50–51 David Espin/Fotolia; 52 carmen.moser; 53 Ecomusée d'Alsace; 54 Kathrin39/Fotolia; 55 carmen.moser; 56 H. & D. Zielske/LOOK-foto; 57 carmen.moser; 58 dpa Picture-Alliance/Rolf Haid; 60 Cartoonmuseum Basel; 63 Susanne Schenker; 64 carmen.moser; 66–67 dpa Picture-Alliance/Rolf Haid; 71 Breisach Tourismus; 73 panthermedia/A1PIX Ltd.; 75 dpa Picture-Alliance/Oswald Eckstein; 76 imago/Schöning; 78–79 vario images; 82–83 Stefan Arendt/fotolia; 85 Skytec; 87 Bildagentur Huber/Spiegelhalter; 90–91 Raach/laif; 92 Daniel Schoenen/mauritius; 94–95 vario images; 96–97 Tourist Information Schluchsee; 98 Bildagentur Huber/Spiegelhalter; 101 Rothauser Land; 103, 106 Bildagentur Huber/R. Schmid; 108–109 S. Kallinich/digitalstock; 111 dpa Picture-Alliance/Patrick Seeger; 112 dpa Picture-Alliance/Gaetan Bally; Umschlag hinten (M.) Michael Zimberov/fotolia; alle weiteren Bilder: MERIAN-Archiv